Stephan Brey

Webseiten erstellen mit Wordpress

Stephan Brey

Webseiten erstellen mit

WordPress

Installieren · Publizieren · Erweitern

Mit 209 Abbildungen

FRANZIS

Bibliografische Information der Deutschen Bibliothek

Die Deutsche Bibliothek verzeichnet diese Publikation in der Deutschen Nationalbibliografie; detaillierte Daten sind im Internet über http://dnb.ddb.de abrufbar.

Alle Angaben in diesem Buch wurden vom Autor mit größter Sorgfalt erarbeitet bzw. zusammengestellt und unter Einschaltung wirksamer Kontrollmaßnahmen reproduziert. Trotzdem sind Fehler nicht ganz auszuschließen. Der Verlag und der Autor sehen sich deshalb gezwungen, darauf hinzuweisen, dass sie weder eine Garantie noch die juristische Verantwortung oder irgendeine Haftung für Folgen, die auf fehlerhafte Angaben zurückgehen, übernehmen können. Für die Mitteilung etwaiger Fehler sind Verlag und Autor jederzeit dankbar. Internetadressen oder Versionsnummern stellen den bei Redaktionsschluss verfügbaren Informationsstand dar. Verlag und Autor übernehmen keinerlei Verantwortung oder Haftung für Veränderungen, die sich aus nicht von ihnen zu vertretenden Umständen ergeben. Evtl. beigefügte oder zum Download angebotene Dateien und Informationen dienen ausschließlich der nicht gewerblichen Nutzung. Eine gewerbliche Nutzung ist nur mit Zustimmung des Lizenzinhabers möglich.

Satz: DTP-Satz A. Kugge, München
art & design: www.ideehoch2.de
Druck: Bercker, 47623 Kevelaer
Printed in Germany

ISBN 978-3-645-60106-1

An dem öden Strand des Lebens,
Wo sich Dün' auf Düne häuft,
Wo der Sturm im Finstern träuft,
Setze dir ein Ziel dies Strebens!
Unter schon verloschnen Siegeln
Tausend Väter hingestreckt,
Ach! von neuen, frischen Hügeln
Freund an Freunden überdeckt.

Hast du so dich abgefunden,
Werde Nacht und Äther klar,
Und der ew'gen Sterne Schar
Deute dir belebte Stunden,
Wo du hier mit Ungetrübten,
Treulich wirkend, gern verweilst
Und auch treulich den geliebten
Ewigen entgegen eilst.

(Johann Wolfgang von Goethe)

Dieses Buch ist meinen beiden Söhnen
.:Janosch und Felix:.
und meiner Tochter
.:Leonie:.
gewidmet

Inhaltsverzeichnis

1 Webserver installieren (XAMPP)

Webserver und Datenbank

WordPress lässt sich in wenigen Schritten installieren; allerdings müssen Sie ein wenig umdenken, wenn Sie die weitgehend automatische Installation von Software unter Windows oder Mac OS X gewöhnt sind. WordPress ist in der Programmiersprache PHP geschrieben und benötigt daher einen Webserver sowie eine Datenbank zum Laufen. Diese Voraussetzungen müssen wir schaffen. Aber keine Angst!

Der kostenlose Webserver mit SQL-Datenbank heißt XAMPP. Dabei handelt es sich um eine Zusammenstellung freier Software. Der Name XAMPP leitet sich von den enthaltenen Programmen ab – das A steht für den Webserver Apache, M für die Datenbank MySQL und die beiden Ps stehen für die Skriptsprachen PHP und Perl. Das X bedeutet, dass das Paket für diverse Betriebssysteme erhältlich ist (z. B. Windows, Linux und Max OS X).

Nach dem Download von der Webseite *http://www.apachefriends.org/de/xampp.html* liegt XAMPP unter Windows als ausführbare *.exe*- oder als komprimierte *.zip*-Datei vor. Am besten ist, Sie legen auf dem Desktop einen Ordner mit dem Namen *WordPress* an. Dort speichern Sie alles ab, was mit WordPress zu tun hat.

Für die WordPress-Version 3.0 werden folgende Versionen des Apache-Servers und der Datenbank MySQL benötigt:

- Apache 1.13.19 oder höher
- MySQL 3.23.x oder höher
- Die Programmiersprache PHP 4.4.x oder höher

Für die WordPress-Version 3.2, die für das Frühjahr 2011 erwartet wird, benötigen Sie allerdings die PHP-Version 5.2 oder höher sowie MySQL 5.0.15 oder höher. XAMPP erfüllt diese Vorgaben bereits. Wenn Sie planen, WordPress 3.2 für Ihre Internetpräsenz einzusetzen, dann sollten Sie sich bei Ihrem Hosting-Provider danach erkundigen, welche PHP-Version und welche Datenbankvariante er einsetzt.

Als zusätzliche Software sind empfehlenswert:

- Ein FTP-Programm (File Transport Protocol) für den Datentransfer. Die FTP-Software ist spätestens dann nötig, wenn WordPress auf einem Internet-Server installiert werden soll. Hier hat sich das freie Programm Filezilla (*www.filezilla.de*) bewährt.
- Ein Grafik- oder Bildbearbeitungsprogramm. Wer dafür kein Geld ausgeben will, sollte sich GIMP (GNU Image Manipulation Program) einmal näher ansehen. Erhältlich ist die Software über *www.gimp.org*. GIMP wurde ursprünglich für das Betriebssystem Linux entwickelt, mittlerweile gibt es aber auch Versionen für Windows und Mac OS.
- Ein HTML-Editor wie Adobe Dreamweaver, Adobe GoLive, Microsoft Expression Web oder die freie Software Aptana (Download unter *www.aptana.com*) zum Editieren von Webseiten- und Skriptdateien. Selbstverständlich können Sie auch einen anderen HTML-Editor verwenden.
- Ein Programm zum Entpacken der WordPress-Pakete, wie z. B. WinRar oder WinZip.

Nun aber zu den Installationsschritten für den Webserver und der Datenbank.

1.1 Download der XAMPP-Umgebung

XAMPP ist ein Komplettpaket, das während der Installation gleichzeitig einen Webserver und eine Datenbank erstellt. Es ist sehr einfach bedienbar und daher bei vielen Webmastern und WordPress-Freunden beliebt.

> Beachten Sie bitte, dass Sie für alle Downloads als Speicherort *Desktop* auswählen. Das hat einen wichtigen Vorteil: Sie finden nach dem Download alle Dateien auf dem Bildschirm (Desktop bedeutet beim Speichern, dass die Dateien auf der Bildschirmoberfläche angezeigt werden) und Sie müssen nicht lange danach suchen.

Zuerst müssen natürlich die Software XAMPP und das WordPress-Paket installiert werden. Wenn Sie eine aktuelle Version von XAMPP herunterladen wollen, gehen Sie bitte auf die Webseite *http://www.apachefriends.org/de/xampp.html* und wählen dort den Eintrag *XAMPP für Windows*. Klicken Sie bitte auf diesen Eintrag.

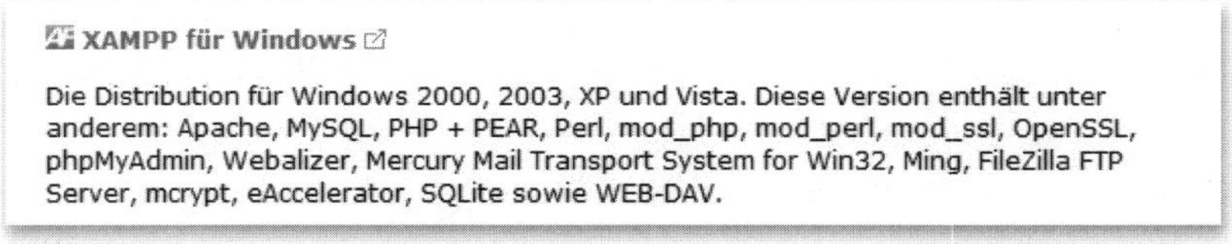
XAMPP für Windows

Die Distribution für Windows 2000, 2003, XP und Vista. Diese Version enthält unter anderem: Apache, MySQL, PHP + PEAR, Perl, mod_php, mod_perl, mod_ssl, OpenSSL, phpMyAdmin, Webalizer, Mercury Mail Transport System for Win32, Ming, FileZilla FTP Server, mcrypt, eAccelerator, SQLite sowie WEB-DAV.

Bild 1.1: Der Eintrag *XAMPP für Windows*

Wählen Sie dann den Eintrag *XAMPP* und das Paket *EXE 51 MB Selbst-extrahierendes RAR-Archiv* (dabei handelt es sich um die Installationsversion mit 50 Megabyte Umfang).

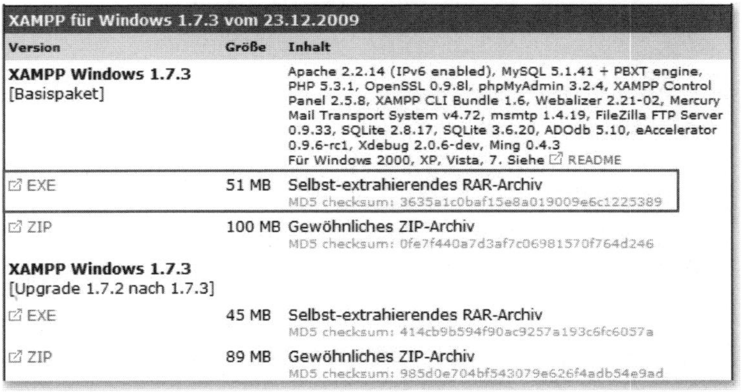
XAMPP für Windows 1.7.3 vom 23.12.2009

Version	Größe	Inhalt
XAMPP Windows 1.7.3 [Basispaket]		Apache 2.2.14 (IPv6 enabled), MySQL 5.1.41 + PBXT engine, PHP 5.3.1, OpenSSL 0.9.8l, phpMyAdmin 3.2.4, XAMPP Control Panel 2.5.8, XAMPP CLI Bundle 1.6, Webalizer 2.21-02, Mercury Mail Transport System v4.72, msmtp 1.4.19, FileZilla FTP Server 0.9.33, SQLite 2.8.17, SQLite 3.6.20, ADOdb 5.10, eAccelerator 0.9.6-rc1, Xdebug 2.0.6-dev, Ming 0.4.3 Für Windows 2000, XP, Vista, 7. Siehe README
EXE	51 MB	Selbst-extrahierendes RAR-Archiv MD5 checksum: 3635a1c0baf15e8a019009e6c1225389
ZIP	100 MB	Gewöhnliches ZIP-Archiv MD5 checksum: 0fe7f440a7d3af7c06981570f764d246
XAMPP Windows 1.7.3 [Upgrade 1.7.2 nach 1.7.3]		
EXE	45 MB	Selbst-extrahierendes RAR-Archiv MD5 checksum: 414cb9b594f90ac9257a193c6fc6057a
ZIP	89 MB	Gewöhnliches ZIP-Archiv MD5 checksum: 985d0e704bf543079e626f4adb54e9ad

Bild 1.2: Die Installationsversion von XAMPP

Nach einer kurzen Weiterleitung sollte sich ein Download-Fenster öffnen. Wählen Sie bitte *Desktop* als Speicherort für das Installationspaket aus. Der Browser Mozilla Firefox verwendet standardmäßig den Unterordner *Downloads* im Verzeichnis *Eigene Dateien* als Speicherort für die Downloads. Dort finden Sie die XAMPP-Datei, wenn Sie den Firefox-Browser verwenden.

Nun geht es weiter mit der eigentlichen Installation. Doppelklicken Sie auf die Datei *xampp-win32-1.7.3.exe* und befolgen Sie die einzelnen Installationsschritte wie auf den folgenden Seiten beschrieben. Selbstverständlich können Sie auch andere Pfade und Verzeichnisse verwenden als die angegebenen.

1.2 Installationsschritte für XAMPP (Apache und MySQL)

Beginnen Sie die Installation mit einem Doppelklick auf das Dateisymbol. Daraufhin öffnet sich das Fenster mit dem Willkommens-Assistenten. Klicken Sie bitte auf *Install.*

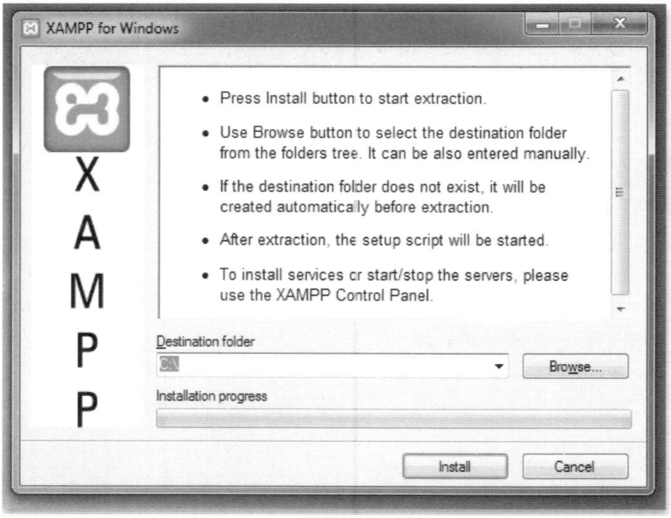

Bild 1.3: Start der XAMPP-Installation

XAMPP schlägt Ihnen als Installationsverzeichnis *C:* vor. Sie können das Verzeichnis und dessen Namen aber frei wählen. Verwenden Sie den Button mit der Aufschrift *Browse* (zu Deutsch: Durchsuchen), um sich durch die Verzeichnisse zu klicken, falls Sie ein anderes Installationsverzeichnis bevorzugen.

Nun folgen mehrere schwarze Fenster (wie unten abgebildet). Bestätigen Sie alle Optionen mit *y* (das steht für *yes*) bzw. der Enter-Taste. Die Installation erfolgt nun automatisch bis zur vollständigen, funktionstüchtigen Installation von XAMPP.

Bild 1.4: Installationsoptionen von XAMPP

Nach kurzer Zeit ist die Installation abgeschlossen. Nun können Sie das XAMPP Control Panel (quasi das Kontrollzentrum oder die Steuerkonsole) über das Programm-Menü von Windows oder über die angelegte Verknüpfung auf dem Desktop aufrufen. Im Zweifelsfall öffnen Sie einfach das XAMPP-Verzeichnis (in unserem Fall ist dies das Verzeichnis *C:\xampp*) und starten darin die Datei *xampp-control.exe* durch einen Doppelklick. Im Control Panel können Sie nun den Webserver Apache und die Datenbank MySQL starten. Dazu genügt ein Mausklick auf die *Start*-Knöpfe neben den Einträgen *Apache* und *MySQL*.

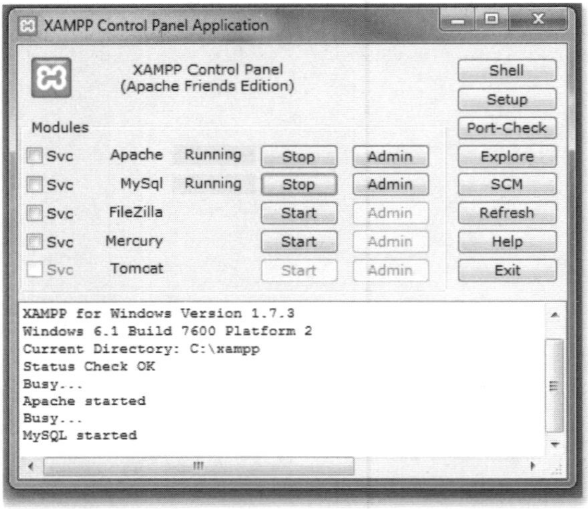

Bild 1.5: Start von Apache und MySQL

Durch den Start der beiden Komponenten haben wir die Grundlage für unsere WordPress- Installation geschaffen.

Hinweis:
Es kann vorkommen, dass sich während oder auch nach der Installation von Apache und MySQL die Windows-Firewall meldet. Beide Programme müssen in der Firewall freigegeben werden.

Während der XAMPP-Installation wird im Laufwerk *C:* ein Verzeichnis für XAMPP angelegt. In der Regel ist das *C:\xampp*. Darin sind mehrere Unterverzeichnisse enthalten, unter anderem eins mit dem Namen *htdocs*. Dies ist ein sehr wichtiges Verzeichnis, weil WordPress nur dort installiert und von dort aus gestartet werden kann. Das Installationspaket von WordPress muss vor der eigentlichen Installation in das *htdocs*-Verzeichnis kopiert werden. Entpacken Sie daher das komprimierte WordPress-Archiv in das *htdocs*-Verzeichnis von XAMPP. Dabei entsteht wiederum ein Unterverzeichnis, etwa mit dem Namen *WordPress_RC2*. Ändern Sie diesen Verzeichnisnamen einfach in *WordPress*, indem Sie mit der rechten Maustaste auf das Ordnersymbol klicken und *Umbenennen* wählen. Das ist wesentlich angenehmer als der komplette Name der Datei. Sie können aber auch den Namen belassen oder einen eigenen verwenden, dies spielt bei der Installation keine Rolle.

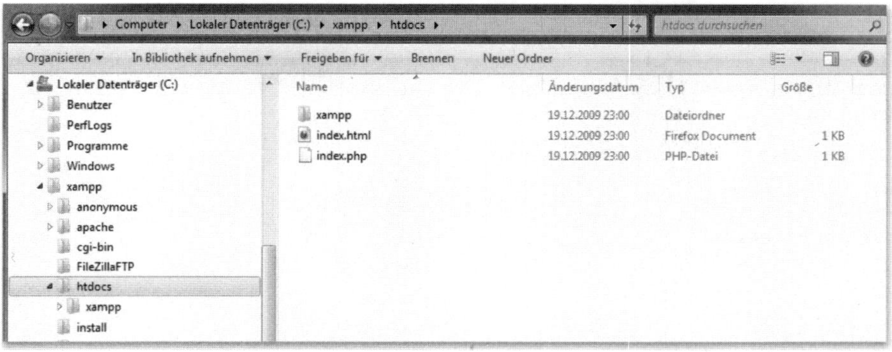

Bild 1.6: Das Installationsverzeichnis htdocs

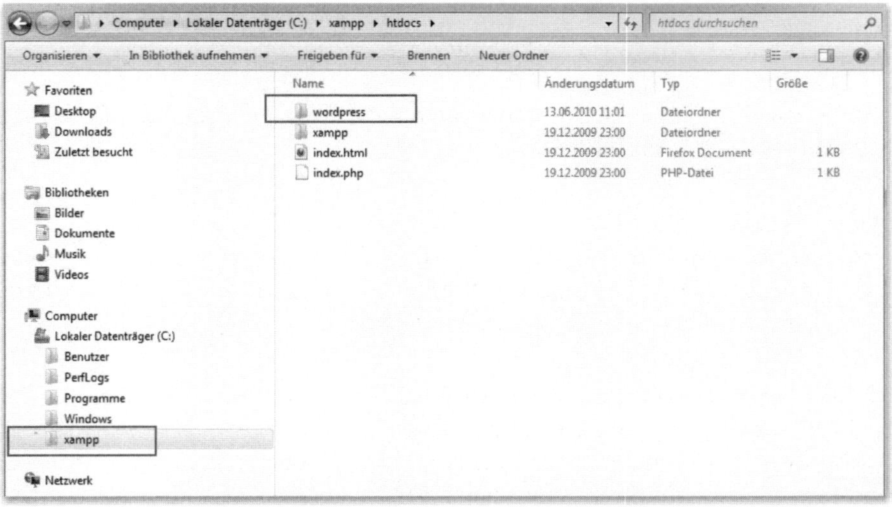

Bild 1.7: Das Verzeichnis WordPress

Das Grundgerüst steht schon. Sofern im Kontrollzentrum von XAMPP (meist auch in der Taskleiste unten rechts zu sehen) Apache und MySQL gestartet sind, können wir im nächsten Schritt die erforderliche Datenbank anlegen.

Dazu wird der Datenbankdienst im Browser mit der Adresszeile *http://localhost/* oder auch nur *localhost* aufgerufen.

Typischerweise ist das Willkommensbild von XAMPP bei einer Neuinstallation eine Übersicht der in XAMPP verfügbaren und angebotenen Sprachen. Sie können hier den Eintrag *Deutsch* auswählen. Der nächste Schritt ist die Einrichtung einer Datenbank für unsere WordPress-Website.

2 Die Datenbank konfigurieren

Als nächster Schritt steht nun die Konfiguration der Datenbank an. Die Datenbanksoftware MySQL und den Webserver Apache haben wir ja bereits im letzten Kapitel auf unserem Rechner installiert. Die Datenbank selbst ist jedoch noch nicht angelegt, und bevor wir WordPress installieren, müssen wir das ändern.

Die Konfiguration der Datenbank erfolgt über das Menü des Programms bzw. der Webserver-Benutzeroberfläche *phpMyAdmin.* Dazu muss die Konfigurationsseite des Webservers und der Datenbank über einen Browser aufgerufen werden. Geben Sie das Wort *localhost* in die Adresszeile Ihres Browsers ein. Nach der Eingabe von *localhost* in die Adresszeile des Browsers sollten Sie folgende Ansicht vorfinden. Wählen Sie dort den Eintrag *Deutsch* aus.

Bild 2.1: Startseite mit Sprachauswahl

Anschließend klicken Sie auf der linken unteren Seite auf den Eintrag *phpMyAdmin.*

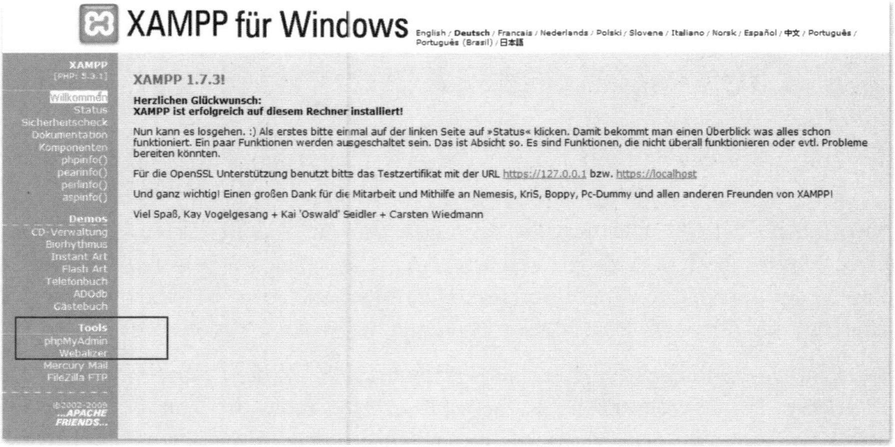

Bild 2.2: Die Hauptseite von XAMPP

Bild 2.3: Auswahl phpMyAdmin

Im neuen Browserfenster sehen Sie die Oberfläche der Datenbankverwaltung, mit der MySQL eingerichtet wird. Das sieht alles sehr unübersichtlich und fremd aus, aber Sie werden sehen, es ist halb so schlimm. In das Feld *Neue Datenbank anlegen* tragen wir den Namen der Datenbank ein, die wir benötigen. Ich habe mich für den Namen *WordPress* entschieden. Sie können die Datenbank aber auch anders benennen. Nach der Eingabe klicken Sie bitte auf *Anlegen.* Das war es fast schon.

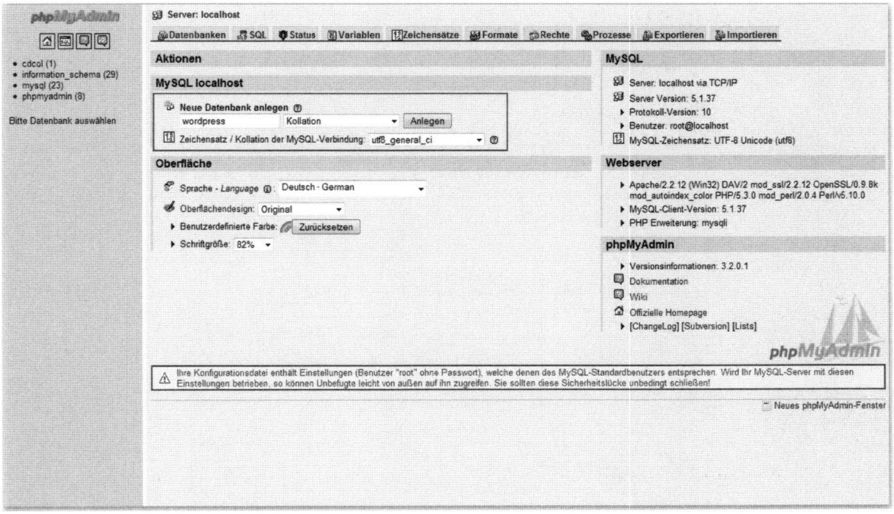

Bild 2.4: Anlegen der Datenbank

In der linken Spalte des Verwaltungsprogramms sehen Sie jetzt einen Eintrag, der auf die eben angelegte Datenbank mit dem Namen *WordPress* verweist.

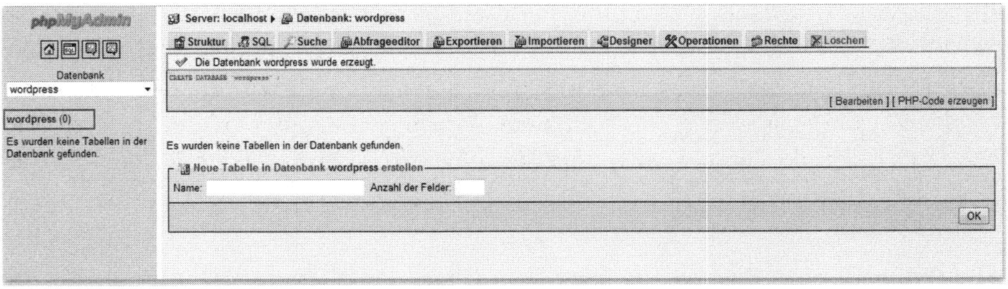

Bild 2.5: Anlegen der Datenbank

Der Einfachheit halber ist es bei einer lokalen Installation (also einer Installation, die sich nur auf Ihrem PC befindet) praktischer, für die Datenbank kein Passwort zu verwenden. Klicken Sie dazu bitte oben auf den Karteikartenreiter mit der Aufschrift *Rechte* und markieren Sie danach die Option *Kein Passwort.*

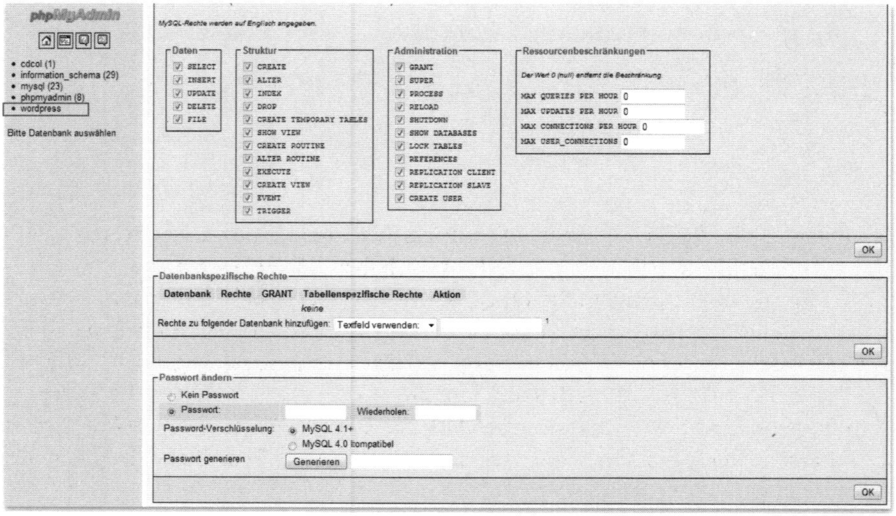

Bild 2.6: Vergabe der Datenbank-Zugriffsrechte

Speichern Sie die Änderung durch Drücken des *OK*-Buttons ab. Im Anschluss daran wurde das Passwort insofern geändert, als kein Passwort angelegt wird.

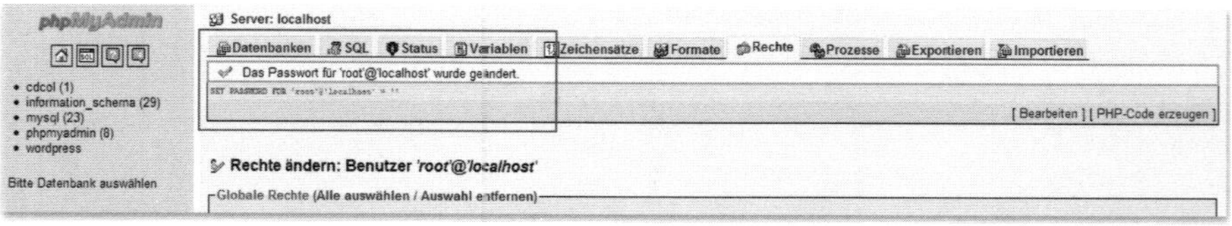

Bild 2.7: Passwort-Änderung

Alle Grundvoraussetzungen für eine WordPress–Installation sind nun erfüllt. Im nächsten Abschnitt installieren wir WordPress selbst.

3 WordPress installieren

Jetzt kann mit der eigentlichen WordPress-Installation begonnen werden. Alle Grundbedingungen haben wir erfüllt. Wir haben einen Webserver (Apache – XAMPP) und eine Datenbank (MySQL – XAMPP). Aber halt! Wir müssen WordPress noch herunterladen. Die deutsche Version von WordPress ist unter der Webadresse *http://wordpress-deutschland.org/* kostenlos erhältlich. Legen Sie bitte vor der eigentlichen WordPress-Installation ein Verzeichnis mit der Bezeichnung *wordpress* im XAMPP-Unterordner *htdocs* an. Der Verzeichnispfad sollte nun so aussehen: *C:\xampp\htdocs\wordpress.* Kopieren Sie das WordPress-Paket in das Verzeichnis *c:\xampp\htdocs\wordpress.*

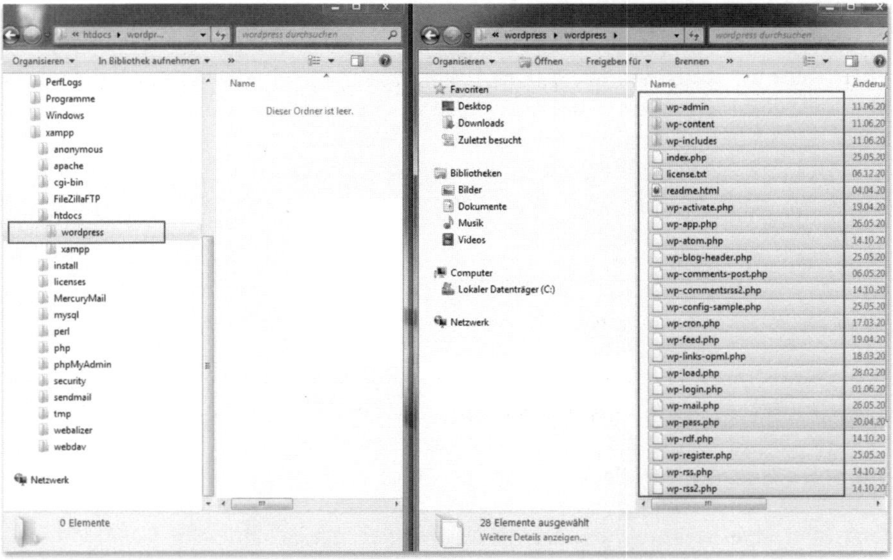

Bild 3.1: Kopieren der WordPress-Dateien in das Verzeichnis *htdocs*

Vergewissern Sie sich nun, dass der Apache-Webserver und das Datenbankprogramm MySQL laufen. Öffnen Sie dazu die Steuerkonsole von XAMPP, wie Sie es schon in Kapitel 1 gesehen haben. Steht bei den beiden Einträgen *Apache* und *MySql* jeweils das Symbol *Running*, dann kann es losgehen.

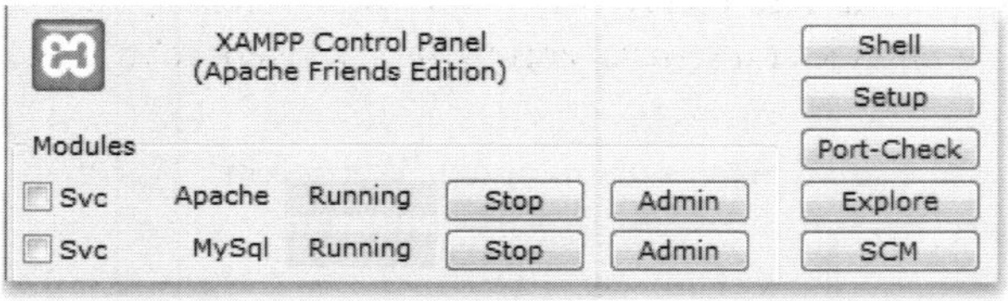

Bild 3.2: Sind Webserver und MySQL angeschaltet?

3.1 Die Installation vorbereiten

Geben Sie in die Adresszeile Ihres Browsers (Internet Explorer, Firefox, Opera, Google Chrome etc.) die Adresse Ihres Webservers ein. Der Webserver wird mit *localhost* oder 127.0.0.1 aufgerufen. Der Begriff *localhost* steht dabei für den *htdocs*-Ordner der WordPress-Installation. Das WordPress-Installationsverzeichnis im *htdocs*-Ordner lautet *wordpress.* Der Installationsprozess wird durch die Eingabe *http:\\localhost\wordpress* in die Adresszeile des Browers gestartet.

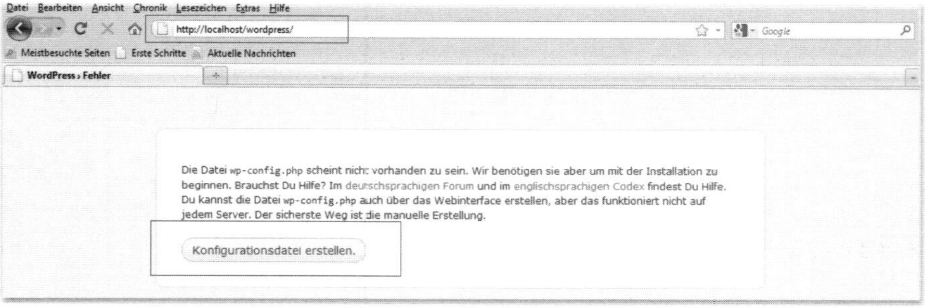

Bild 3.3: Pfadeingabe in die Adresszeile des Browsers (hier: Firefox)

Jetzt folgt eine Meldung, die Sie durch Drücken der Schaltfläche *Konfigurationsdatei erstellen* bestätigen. Sie lautet:

»Die Datei wp-config.php scheint nicht vorhanden zu sein. Wir benötigen sie aber, um mit der Installation zu beginnen. Brauchst Du Hilfe? Im deutschsprachigen Forum und

im englischsprachigen Codex findest Du Hilfe. Du kannst die Datei wp-config.php auch über das Webinterface erstellen, aber das funktioniert nicht auf jedem Server. Der sicherste Weg ist die manuelle Erstellung.«

Indem Sie die Schaltfläche *Konfigurationsdatei erstellen* betätigen, wird die fehlende Datei *wp-config.php* angelegt. WordPress meldet jetzt, dass alles bereit ist. Durch Klick auf die Schaltfläche ... *kann es jetzt losgehen!* starten Sie die eigentliche Installation.

Bild 3.4: Startseite der WordPress-Installation

Im nächsten Schritt werden einige Angaben verlangt: Der Name der Datenbank, die wir im letzten Kapitel angelegt haben, des Datenbank-Benutzers, dessen Passwort und der Datenbank-Host.

Diese Angaben haben wir bereits beim Einrichten unseres lokalen Webservers und der Datenbank erzeugt.

Unser Datenbankname ist: *wordpress*

Der Benutzername unserer Datenbank lautet: *root*

Das Datenbankpasswort haben wir nicht vergeben, daher bleibt dieses Feld leer.

Und der Host unserer Datenbank (sprich, der Rechner, auf dem unsere Datenbank läuft) heißt: *localhost*

Mit diesen Angaben sollte es uns gelingen, WordPress erfolgreich zu installieren.

Geben Sie in das neue Fenster die oben stehenden Daten ein. Um das letzte Feld (*Tabellen-Präfix*) kümmern wir uns nicht. Wir belassen es bei dem vorgeschlagenen Eintrag *wp_*. Drücken Sie anschließend den Button *Absenden*.

Bild 3.5: Angaben zur Datenbank

Hinweis:
An dieser Stelle passieren typischerweise die meisten Fehler, die in der Regel aber leicht zu beheben sind. Überprüfen Sie bei einer Fehlermeldung immer zuerst, ob Ihre Eingaben auch richtig sind. Schreiben Sie z. B. *root* nicht klein, sondern groß, kann dies schon ein Fehler sein.
Fehler entstehen auch, wenn hinter einer Eingabe, z. B. des Datenbanknamens, ein Leerzeichen steht.

Gab es während dieser Etappe keine Probleme, dann geht es weiter durch Anklicken der Schaltfläche ... *starten wir die Installation.*

Bild 3.6: Alles OK – die Datenbankverbindung steht.

Im nächsten Schritt machen Sie einige grundlegende Angaben für Ihre Website beziehungsweise Ihren Blog. Sie legen einen Titel für Ihren Blog fest (in der Zeile *Blogtitel*) sowie einen Benutzernamen (in der Zeile *Benutzername*). Sie können den Benutzernamen weitgehend frei wählen, allerdings darf er nur aus alphanumerischen Zeichen, Leerzeichen, Bindestrichen, Unterstrichen, Punkten und dem Klammeraffen bestehen. Für unser Beispiel habe ich mich für das prosaische Wort *admin* entschieden. Sie dürfen hier bedeutend mehr Phantasie walten lassen.

Auf derselben Seite dürfen Sie sich ein Passwort aussuchen, mit dem Sie sich bei WordPress anmelden können, um ins Backend zu gelangen. Das Backend ist sozusagen die Kommandozentrale von WordPress, in der Sie Artikel verfassen, Bilder einstellen und Ihre Seite generell verwalten. WordPress fordert Sie dazu auf, Ihr Passwort zweimal einzugeben, um Missverständnisse zu vermeiden. Das Programm zeigt ihnen darüber hinaus an, als wie sicher Ihr Passwort eingeschätzt wird. Abschließend geben Sie noch eine E-Mail-Adresse ein. Schließen Sie die Eingaben ab, indem Sie unten auf *WordPress installieren* klicken.

Bild 3.7: Die letzten Angaben vor der eigentlichen Installation

Wenn Sie den nächsten Bildschirm sehen, ist es geschafft: WordPress wurde vollständig und funktionstüchtig installiert. Klicken Sie auf *Anmelden* und Sie gelangen zum Anmeldebereich der Webseite. Geben Sie dort Ihren Benutzernamen (in unserem Beispiel lautet er *admin*) und das von Ihnen festgelegte Passwort ein.

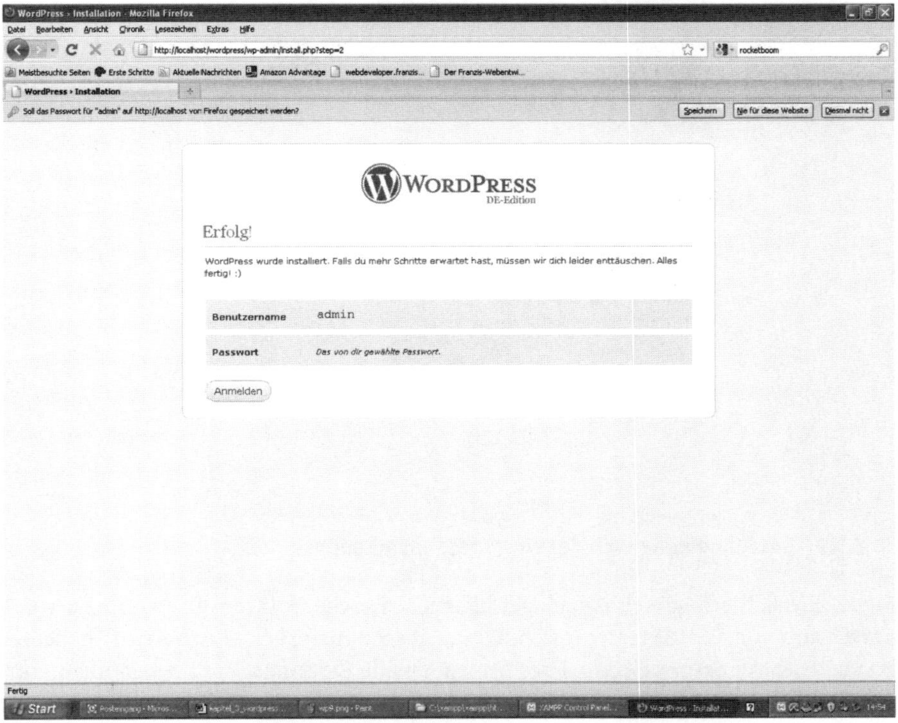
WordPress › Installation - Mozilla Firefox
Datei Bearbeiten Ansicht Chronik Lesezeichen Extras Hilfe
http://localhost/wordpress/wp-admin/install.php?step=2
rocketboom
Meistbesuchte Seiten Erste Schritte Aktuelle Nachrichten Amazon Advantage webdeveloper.franzis... Der Franzis-Webentwi...
WordPress › Installation
Soll das Passwort für "admin" auf http://localhost von Firefox gespeichert werden?
Speichern
Nie für diese Website
Diesmal nicht
WordPress
DE-Edition
Erfolg!
WordPress wurde installiert. Falls du mehr Schritte erwartet hast, müssen wir dich leider enttäuschen. Alles fertig! :)
Benutzername
admin
Passwort
Das von dir gewählte Passwort.
Anmelden
Fertig
Start

Bild 3.8: WordPress wurde erfolgreich angelegt.

Bild 3.9: Der Anmeldebereich der WordPress-Installation

Wenn Sie sich erfolgreich eingeloggt haben, sehen Sie in Ihrem Browserfenster das *Dashboard* von WordPress vor sich. Der englische Ausdruck »Dashboard« bedeutet so viel wie »Armaturenbrett«. Hier finden Sie alle Optionen, die Sie benötigen, um Ihre Website zu verwalten, Artikel zu erstellen und zu bearbeiten und Ähnliches mehr.

Auf der linken Seite des Dashboards finden Sie eine Menüleiste, die die wichtigsten Bedienelemente für Ihre Seite enthält. Die meisten Menüfelder verbergen noch eine Reihe von Optionen, die beim Anklicken sichtbar werden. Wenn Sie etwa das Menüfeld *Benutzer* anklicken, erscheinen zum Beispiel die Menüpunkte *Benutzer*, *Hinzufügen* und *Dein Profil*. Über die Option *Dein Profil* können Sie eine Seite öffnen, in der Sie Angaben zu Ihrer Person hinterlegen, das Farbschema des Dashboards sowie den Benutzernamen oder auch Ihr Anmeldepasswort ändern können.

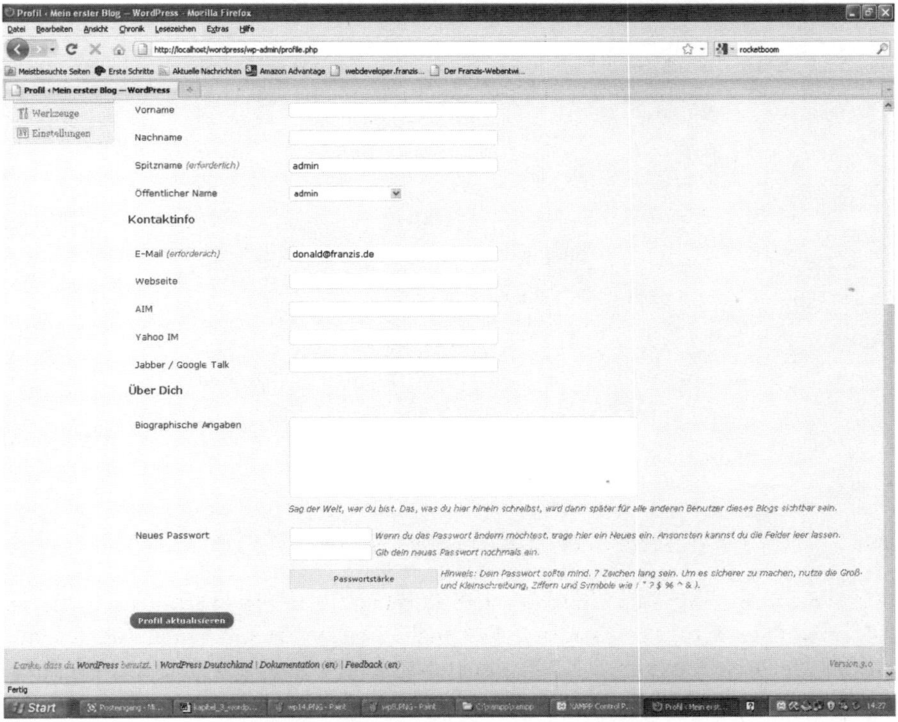
Profil ‹ Mein erster Blog — WordPress - Mozilla Firefox
Datei Bearbeiten Ansicht Chronik Lesezeichen Extras Hilfe
http://localhost/wordpress/wp-admin/profile.php
rocketboom
Meistbesuchte Seiten Erste Schritte Aktuelle Nachrichten Amazon Advantage webdeveloper.franzis... Der Franzis-Webentwi...
Profil ‹ Mein erster Blog — WordPress
Werkzeuge
Einstellungen
Vorname
Nachname
Spitzname (erforderlich)
admin
Öffentlicher Name
admin
Kontaktinfo
E-Mail (erforderlich)
donald@franzis.de
Webseite
AIM
Yahoo IM
Jabber / Google Talk
Über Dich
Biographische Angaben
Sag der Welt, wer du bist. Das, was du hier hinein schreibst, wird dann später für alle anderen Benutzer dieses Blogs sichtbar sein.
Neues Passwort
Wenn du das Passwort ändern möchtest, trage hier ein Neues ein. Ansonsten kannst du die Felder leer lassen.
Gib dein neues Passwort nochmals ein.
Passwortstärke
Hinweis: Dein Passwort sollte mind. 7 Zeichen lang sein. Um es sicherer zu machen, nutze die Groß- und Kleinschreibung, Ziffern und Symbole wie ! " ? $ % ^ &).
Profil aktualisieren
WordPress Deutschland | Dokumentation (en) | Feedback (en)
Fertig
Start

Bild 3.10: Änderung des Passworts

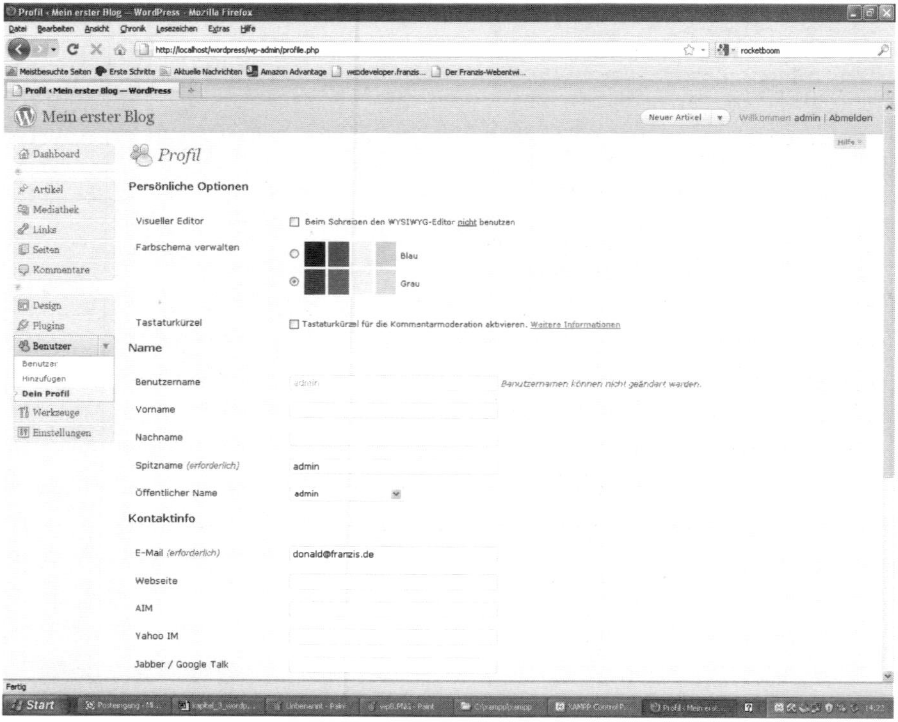

Bild 3.11: Übersicht des Arbeitsbereichs

Wenn Sie jetzt oben links in der Titelleiste Ihres Arbeitsbereichs einfach auf den Titel *Mein erster Blog* klicken, wird die eigentliche Webseite mit einem Standard-Template angezeigt. Templates sind Gestaltungsvorlagen, mit denen sich das Erscheinungsbild Ihrer Website sehr leicht verändern lässt. WordPress-Templates werden auch Themes genannt. Eine Auswahl kostenloser WordPress-Themes können Sie auf der Webseite *http://themes.wordpress-deutschland.org/* betrachten und herunterladen.

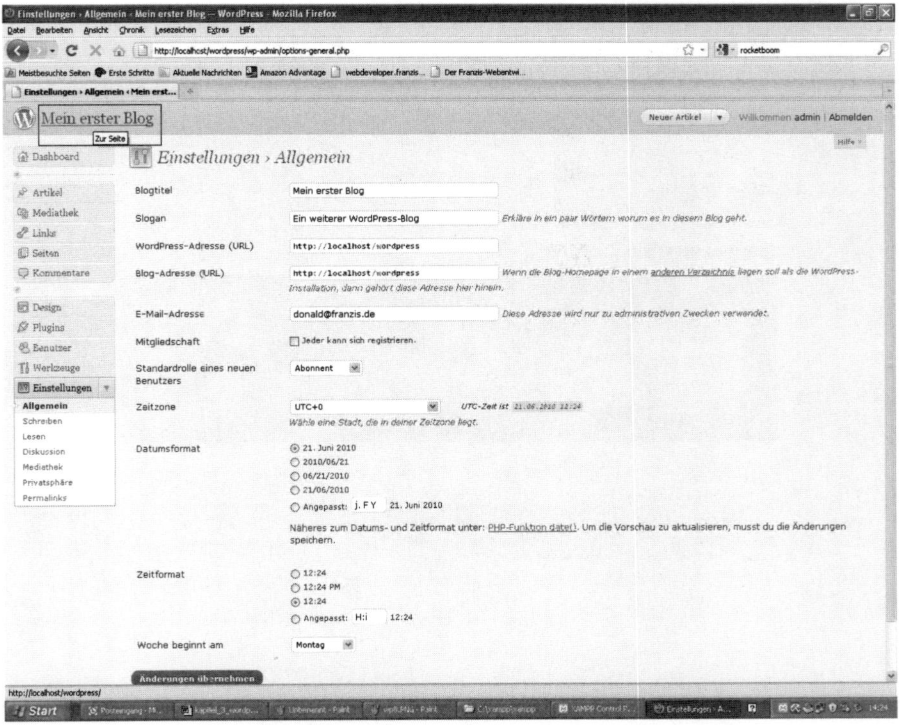
Einstellungen › Allgemein ‹ Mein erster Blog — WordPress - Mozilla Firefox
Datei Bearbeiten Ansicht Chronik Lesezeichen Extras Hilfe
http://localhost/wordpress/wp-admin/options-general.php
rocketboom
Meistbesuchte Seiten Erste Schritte Aktuelle Nachrichten Amazon Advantage webdeveloper.franzis... Der Franzis-Webentwi...
Einstellungen › Allgemein ‹ Mein erst...
Mein erster Blog
Zur Seite
Neuer Artikel
Willkommen admin | Abmelden
Hilfe
Dashboard
Artikel
Mediathek
Links
Seiten
Kommentare
Design
Plugins
Benutzer
Werkzeuge
Einstellungen
Allgemein
Schreiben
Lesen
Diskussion
Mediathek
Privatsphäre
Permalinks
Einstellungen › Allgemein
Blogtitel
Mein erster Blog
Slogan
Ein weiterer WordPress-Blog
Erkläre in ein paar Wörtern worum es in diesem Blog geht.
WordPress-Adresse (URL)
http://localhost/wordpress
Blog-Adresse (URL)
http://localhost/wordpress
Wenn die Blog-Homepage in einem anderen Verzeichnis liegen soll als die WordPress-Installation, dann gehört diese Adresse hier hinein.
E-Mail-Adresse
donald@franzis.de
Diese Adresse wird nur zu administrativen Zwecken verwendet.
Mitgliedschaft
Jeder kann sich registrieren.
Standardrolle eines neuen Benutzers
Abonnent
Zeitzone
UTC+0
UTC-Zeit ist
Wähle eine Stadt, die in deiner Zeitzone liegt.
Datumsformat
21. Juni 2010
2010/06/21
06/21/2010
21/06/2010
Angepasst: j. F Y 21. Juni 2010
Näheres zum Datums- und Zeitformat unter: PHP-Funktion date(). Um die Vorschau zu aktualisieren, musst du die Änderungen speichern.
Zeitformat
12:24
12:24 PM
12:24
Angepasst: H:i 12:24
Woche beginnt am
Montag
Änderungen übernehmen
http://localhost/wordpress/
Start

Bild 3.12: Schaltfläche zur Seite

Das ist das Ergebnis unserer Arbeit: Eine erste Webseite bzw. ein Blog, der mit einem Standard-Template ausgerüstet ist:

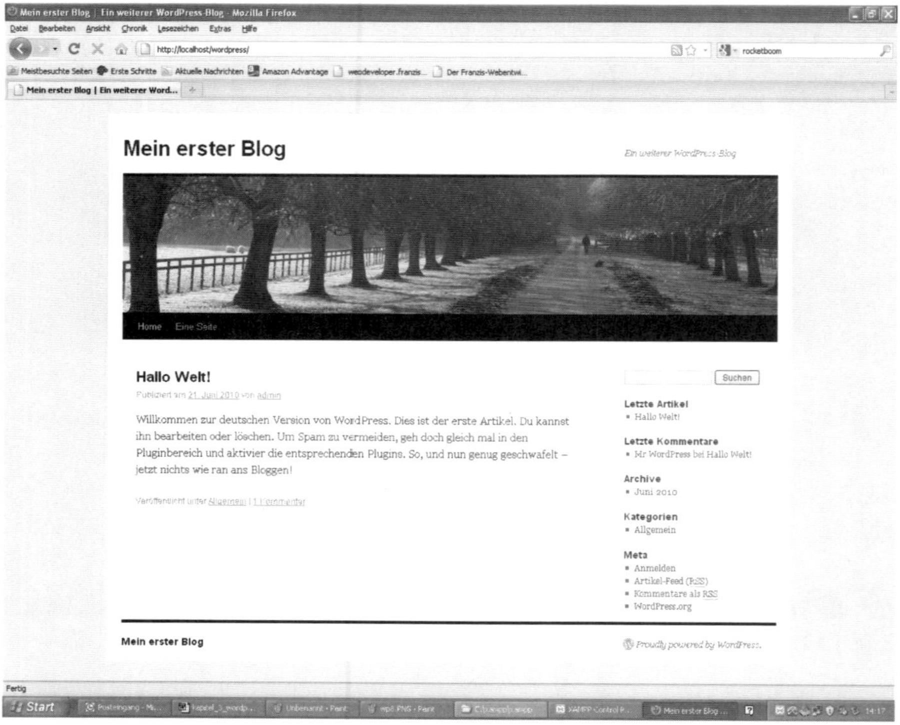

Bild 3.13: Besucheransicht des Blogs

4 Funktionen

Zu Anfang seiner Entwicklung diente WordPress primär zur Erstellung von Online-Tagebüchern (den sogenannten Weblogs, die inzwischen mit dem Kunstwort Blogs abgekürzt werden). Im Zuge der Weiterentwicklung reifte die Software aber immer mehr zu einem Content-Management-System.

Mit Hilfe von Content-Management-Systemen (kurz CMS genannt) lassen sich Internetinhalte sehr einfach publizieren, organisieren und verwalten. In der Regel muss der Anwender dazu keine Programmierkenntnisse besitzen; er meldet sich beim System an, erstellt seine Inhalte und speichert diese ab. Die Internetinhalte sind in der Regel Texte, die durch Einbettung von Bildern, Grafiken, Videos und Audiodateien ergänzt werden können. CMS werden in Firmen aller Größen, aber auch von Privatpersonen oder Vereinen genutzt.

Man kann also mit Recht behaupten, dass WordPress nicht nur eine einfache Webseite mit Datenbankanbindung darstellt, sondern insgesamt ein gutes Content-Management-System bietet. WordPress ist zudem sehr bedienerfreundlich.

In diesem Kapitel erfahren Sie, welche Funktionen WordPress bereitstellt. Beginnen wir mit der Hauptseite des Verwaltungsbereichs, mit dem sogenannten *Dashboard* (zu Deutsch: Armaturenbrett) – man könnte auch sagen: dem Kontrollzentrum von WordPress.

In der Beispiel-Installation, die ich für dieses Buch erstellt habe, trägt der erste Menüpunkt die Bezeichnung *Mein erster Blog*. Bei Ihnen kann die Bezeichnung durchaus anders lauten. Entsprechend muss bei 1.) nicht *Mein erster Blog*, sondern der Name Ihrer Webseite stehen.

1.) Die Titelleiste – Mein erster Blog

Die erste Schaltfläche oben links mit der Bezeichnung *Mein erster Blog* hat nur eine Funktion. Mit einem Klick gelangen Sie direkt auf die Webseite, so wie sie der Besucher sieht. Diese Ansicht nennt man auch *Frontend* – quasi die Vorder- oder Schauseite Ihres Webauftritts. Analog dazu wird das *Dashboard* oft auch als

Backend (also Rückseite) Ihrer Webpräsenz bezeichnet. Die Umschaltfunktion ist praktisch, vor allem dann, wenn schnell zwischen der Ansicht des *Dashboards* und des *Frontends* gewechselt werden muss. Ein kleiner Nachteil ist, dass Neulinge diese Schaltfläche zunächst gar nicht als solche wahrnehmen. Klicken Sie trotzdem beherzt darauf und schauen Sie einfach, was passiert. Direkt darunter finden Sie das *Dashboard.*

2.) Das Dashboard

Auf der linken Seite des Bildschirms sind alle Hauptfunktionen aufgelistet. Fast alle Hauptfunktionen verbergen noch eine Reihe von Menüpunkten; diese klappen auf, sobald Sie auf die Schaltflächen klicken. Wenn Sie eine dieser Funktionen anklicken, werden die dazugehörigen Optionen in der Hauptansicht dargestellt. Wenn Sie sich ganz frisch in WordPress eingeloggt haben, finden Sie in der Hauptansicht folgende Fenster:

Auf einen Blick – Zeigt an, welches Theme – also welche Gestaltungsvorlage – für das Frontend verwendet wird (zu den Themes kommen wir in Kapitel 8) und wie viele Widgets aktiv sind. Widgets sind kleine Fenster, die in den Seitenleisten der Webseite platziert werden können. Außerdem ist zu sehen, wie viele Artikel, Seiten und Kategorien als Inhalte hinterlegt sind.

Letzte Kommentare – Zeigt die neuesten Kommentare zu Ihren Artikeln an. Durch Anklicken der Kommentare können sie auch gleich moderiert bzw. editiert werden.

Eingehende Links – Zeigt die Links zu Ihrer Website an, die über die Google-Blogsuche gefunden wurden, sofern diese Funktion aktiviert ist.

QuickPress – Mit QuickPress lassen sich Artikel sehr schnell erstellen.

Aktuelle Entwürfe – Zeigt die letzten fünf angelegten Artikel-Entwürfe an. Die Anzahl der angelegten Entwürfe lässt sich anpassen.

Weitere WordPress-News – Zeigt Schlagzeilen aus der deutschsprachigen WordPress-Welt an.

Plugins – Zeigt neue, beliebte oder vor Kurzem aktualisierte Plugins aus dem Plugin-Verzeichnis von *www.wordpress.org*. Plugins sind kleine Erweiterungsprogramme, die sich in WordPress einklinken und zusätzliche Funktionen zur Verfügung stellen.

Oben rechts wird Ihr Name angezeigt. Gleich daneben können Sie sich vom Dashboard abmelden, wenn Sie alle gewünschten Einstellungen vorgenommen haben.

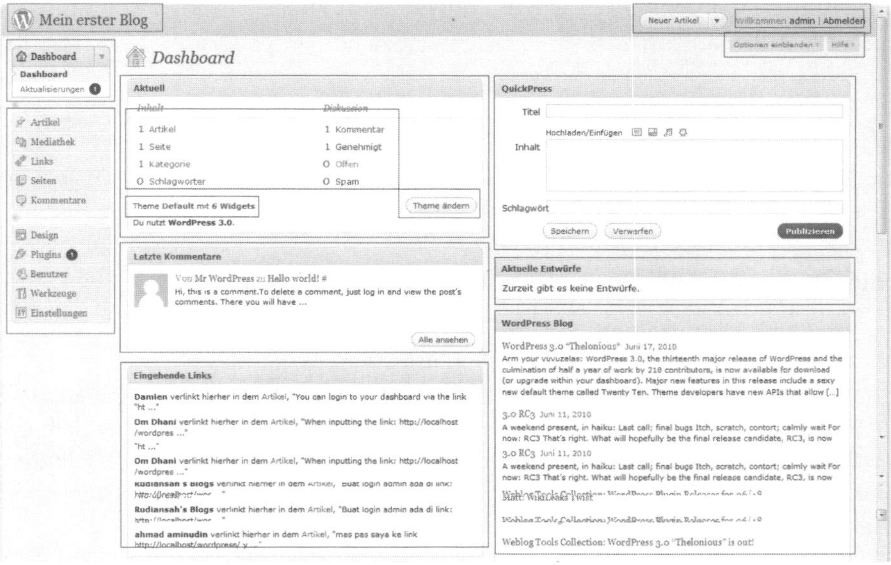

Bild 4.1: Gesamtübersicht / Dashboard

3.) Aktualisierungen

Im Untermenü *Aktualisierungen* (es öffnet sich, wenn Sie auf *Dashboard* klicken) kann geprüft werden, ob ein Update für WordPress vorliegt. Wenn Sie den Menüpunkt *Aktualisierungen* anklicken und im nächsten Bildschrim unterhalb der Überschrift der Text »*Du benutzt die aktuellste Version von WordPress*« steht, braucht keine Aktualisierung vorgenommen zu werden. Sind Updates verfügbar, so finden Sie im Menüpunkt *Aktualisierungen* auf der linken Seite eine Ziffer in einem schwarzen Feld. Wenn Sie das *Aktualisierungen*-Menü öffnen, erfahren Sie mehr darüber, für welche Komponente es ein Update gibt und wie Sie dieses herunterladen können. Es ist aus Sicherheitsgründen wichtig, WordPress sowie die Themes und Plugins immer aktuell zu halten, also sollten Sie auf diese Mitteilungen achten.

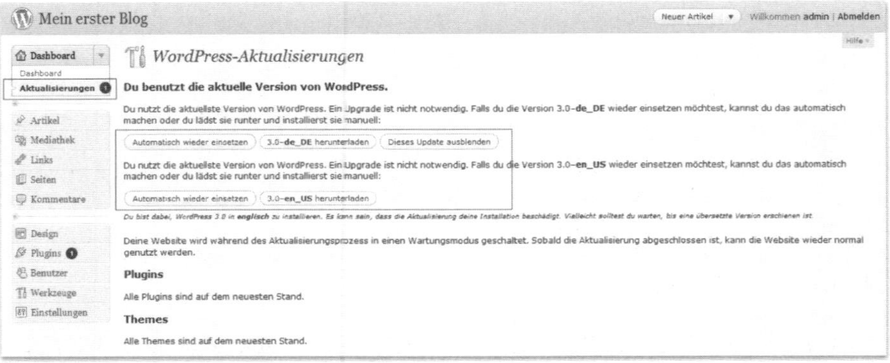

Bild 4.2: Das Menü *WordPress-Aktualisierung*

4.) Artikel

In der Artikelübersicht werden die letzten zehn Artikel angezeigt, die Sie angelegt haben. Man sieht den Titel, den Autor, die Kategorie und das Datum, an dem der Artikel angelegt wurde. Wenn Sie mit der Maus über den Beitragstitel fahren, erscheint ein Untermenü mit den Optionen *Bearbeiten*, *Quickedit*, *Papierkorb* und *Ansehen.*

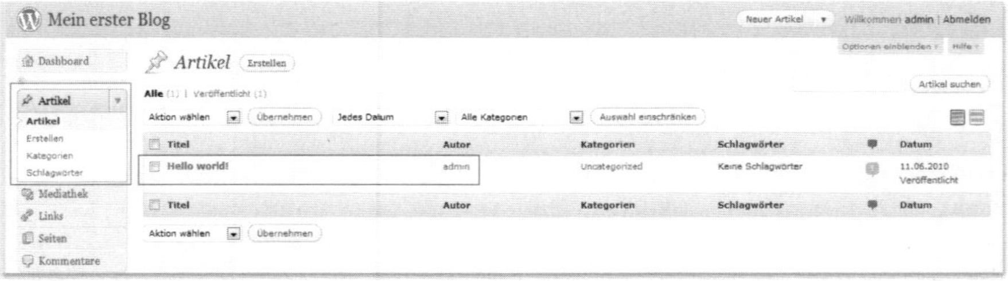

Bild 4.3: Artikelübersicht

Mit einem Klick auf *Bearbeiten* gelangen Sie direkt zu der Funktion *Artikel bearbeiten.* Ein Artikel lässt sich auch durch einen Direktklick auf den Namen des Beitrags in der Artikelliste editieren.

Bild 4.4: Artikel bearbeiten

QuickEdit öffnet ein neues Fenster, in dem bestimmte Eigenschaften eines Artikels wie z. B. der Beitragstitel oder seine Kategorie verändert werden können. Sie können Schlagwörter hinzufügen, die es erleichtern, den Artikel über eine Suchmaschine aufzufinden, sowie die Kommentierung des Artikels durch Besucher der Website zulassen oder unterbinden. Darüber hinaus gibt es ein Kästchen, mit dem Sie durch Anklicken dafür sorgen können, dass der Artikel immer oben auf der Seite bleibt, auch wenn Sie neuere Beiträge einstellen.

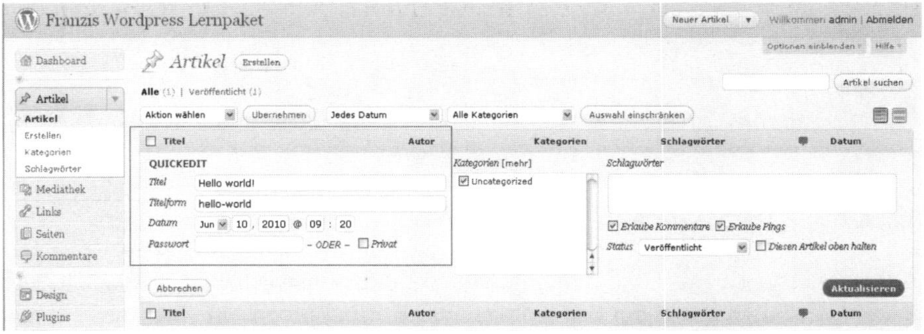

Bild 4.5: Quickedit

Die Option *Papierkorb* verschiebt einen zu löschenden Artikel in den Papierkorb. Damit ist der Beitrag zwar aus der Artikelliste verschwunden, aber nicht endgültig gelöscht. Artikel im Papierkorb können wiederhergestellt werden. Dazu müssen Sie die drei Optionen direkt oberhalb der Artikelliste näher betrachten: Sie finden dort die drei Auswahlmöglichkeiten *Alle*, *Veröffentlichte* und *Papierkorb*. Wenn Sie an dieser Stelle auf *Papierkorb* klicken, haben Sie Zugriff auf die Beiträge, die im Papierkorb gelandet sind. Sie haben die Möglichkeit, diese Artikel endgültig zu löschen (durch die Option *Endgültig löschen*) oder wieder aus dem Papierkorb hervorzuholen (durch die Option *Wiederherstellen*).

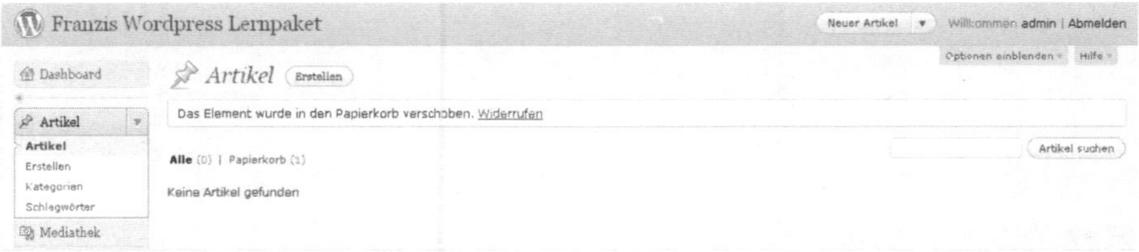

Bild 4.6: Der WordPress-Papierkorb

Unter *Ansehen* können Sie den Artikel so betrachten, wie er auf der Webseite bzw. im Frontend aussehen würde. Somit können Sie entscheiden, ob Ihnen das Aussehen und die Textdarstellung des Beitrags gefallen, und noch vor der Veröffentlichung Änderungen vornehmen.

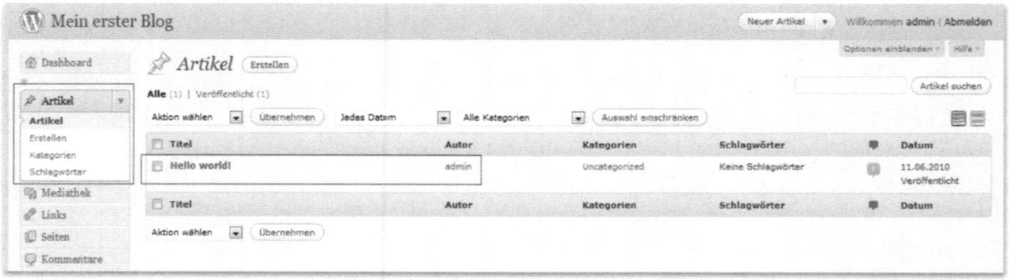

Bild 4.7: Die Artikelvorschau

Artikel lassen sich mit Hilfe des eingebauten Editors erstellen und bearbeiten. Der Editor ist ähnlich aufgebaut wie ein Textverarbeitungsprogramm und bietet Ihnen viele Optionen, die Sie vielleicht von Microsoft Word oder OpenOffice kennen. So können Sie Textteile markieren und fett oder kursiv auszeichnen oder unterstreichen. Sie können Verweise auf andere Webseiten oder Websites setzen und Tabellen einfügen und noch viel, viel mehr. Direkt über dem Editorfenster finden Sie eine Menüleiste mit dem Eintrag *Hochladen/Einfügen* und einer Reihe kleiner Symbole. Mit diesen Symbolen können Sie Bilder, Video- und Audiodaten sowie Dateien anderer Art in Ihren Textbeitrag einbinden.

Bild 4.8: Der Texteditor

5.) Mediathek

Über das Menü *Mediathek* können Mediendateien importiert werden. Der Grund dafür, warum Mediendateien, also Dateien wie Bilder, Filme und Sound, einen eigenen Menüpunkt bekommen haben, liegt in der Fähigkeit von WordPress, hochgeladene Dateien zumindest rudimentär bearbeiten zu können. Über das Menü *Mediathek / Datei hinzufügen* können Sie zum Beispiel eine Bild- oder Videodatei von Ihrem Rechner auswählen und in WordPress hochladen. Diese Dateien können Sie dann bei Bedarf in einen Textartikel einbinden. Der maximale Umfang (oder auch die maximale Dateigröße) beträgt 2 Megabyte (MB). Die Auswahl der Dateien treffen Sie im Auswahldialog von Windows.

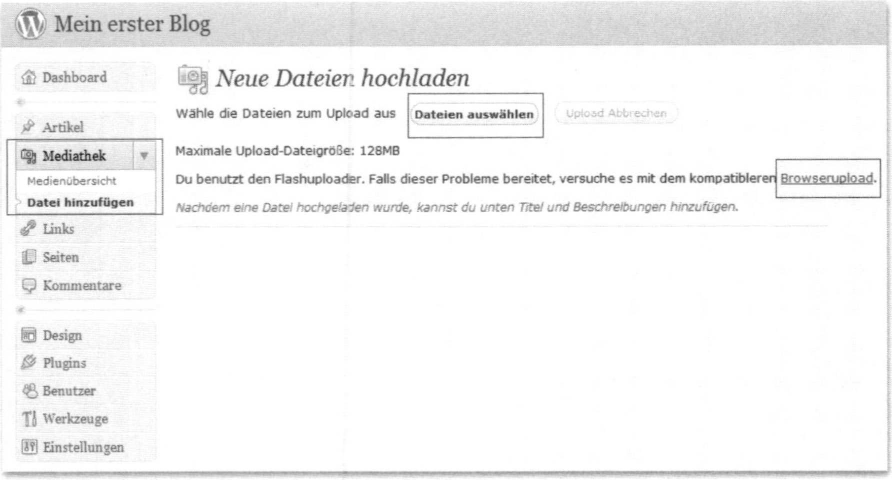

Bild 4.9: Das Auswahlmenü der Mediathek

Anschließend werden die Dateien hochgeladen, verarbeitet und Vorschaubilder erstellt. Nach dem Hochladen gibt es die Möglichkeit, die Eigenschaften der Dateien zu verändern und zum Beispiel einen anderen Dateititel oder eine Beschreibung einzugeben. Die Schaltfläche *Bild bearbeiten* bietet grundlegende Möglichkeiten der Bildbearbeitung (Drehen, Zuschneiden etc.). Am Schluss klicken Sie bitte auf *Alle Änderungen speichern*, sonst wird keine dieser Änderungen übernommen.

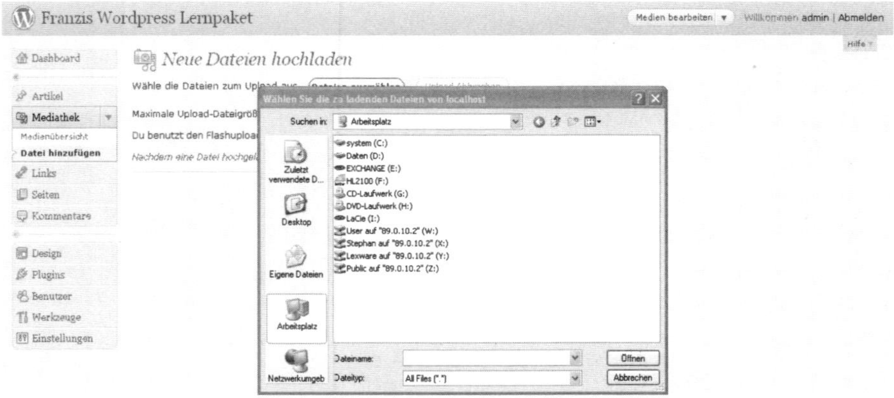

Bild 4.10: Dateiauswahl auf dem Computer

Bild 4.11: Bild bearbeiten

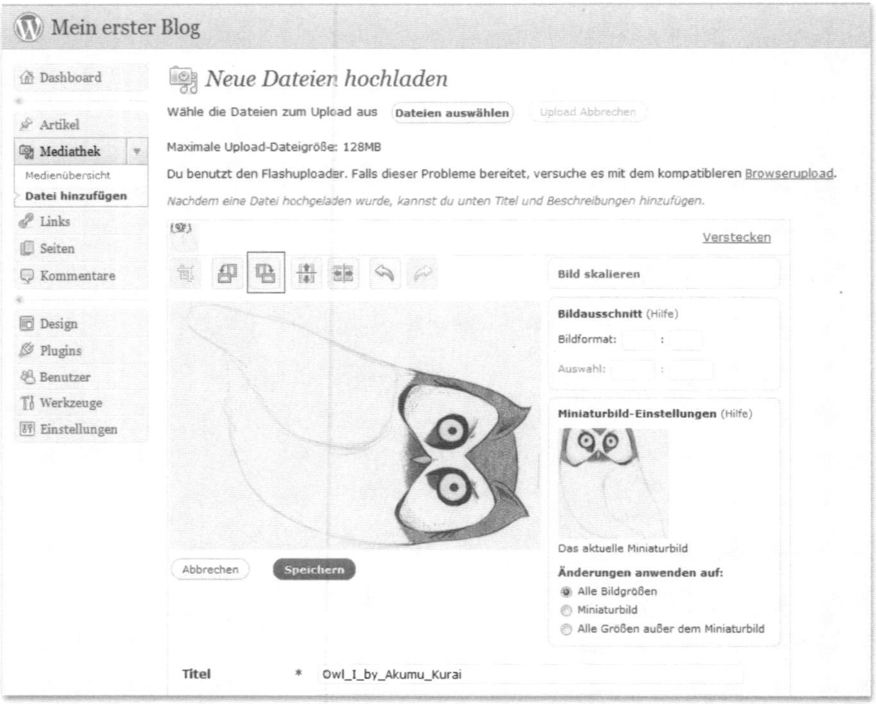

Bild 4.12: Bild drehen

6.) Links

Auf dieser Seite können Sie eingehende und ausgehende *Links* verwalten, neue hinzufügen und löschen.

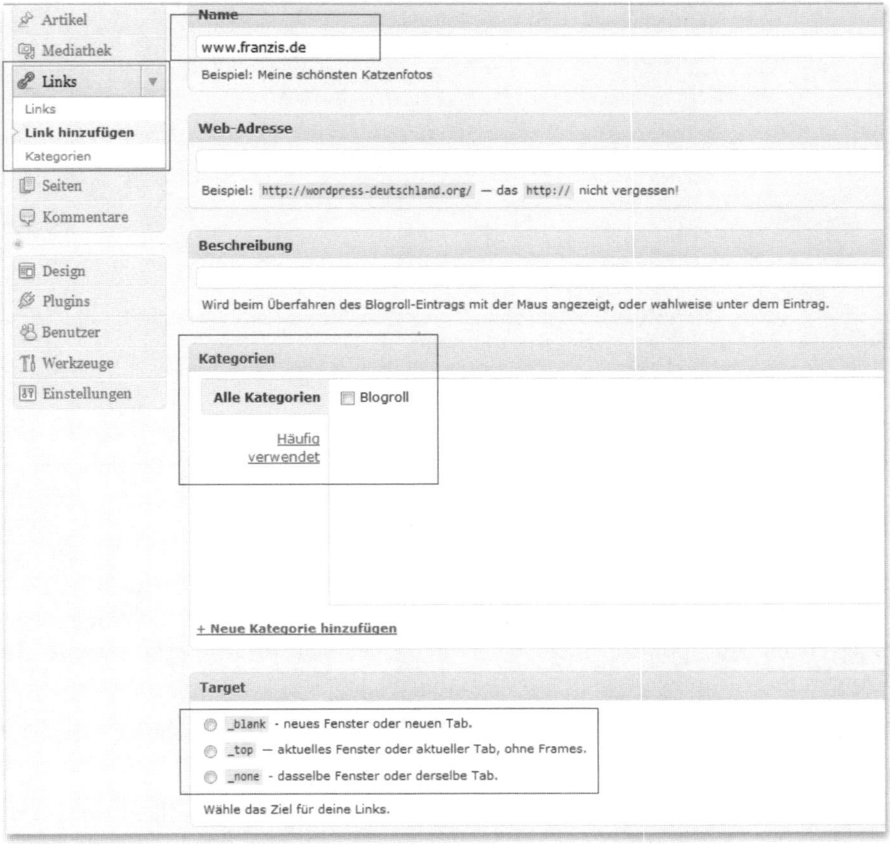

Bild 4.13: Einen neuen Link hinzufügen

Links lassen sich in einzelne Gruppen ordnen. Dazu werden Linkkategorien verwendet. Solche Kategorien lassen sich leicht erstellen; hierfür gibt es das Untermenü *Kategorien* und die Option *Linkkategorie hinzufügen.*

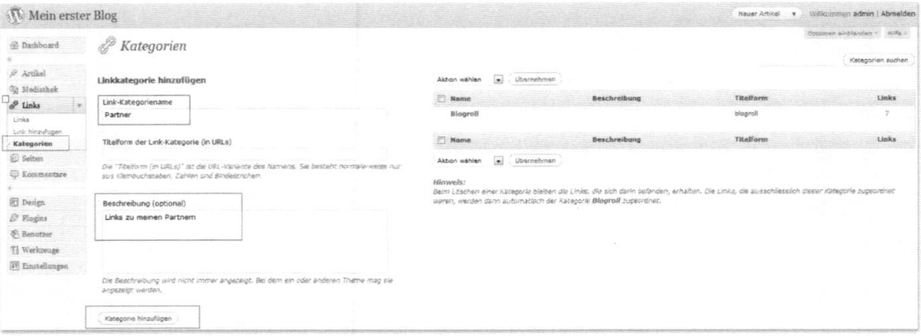

Bild 4.14: Einem Link eine Kategorie zuordnen

7.) Seiten

Eine Webseite lebt von den Texten, die dort zu lesen sind. In WordPress können Sie neben den normalen Blog-Beiträgen sogenannte *Seiten* erstellen. Eine Seite ist einem Beitrag sehr ähnlich, allerdings ist sie monothematisch – anstelle vieler einzelner Blogbeiträge enthält eine Seite einen durchgängigen Artikel. Sie können Seiten zum Beispiel für das Impressum Ihres Webauftritts, die Vorstellung Ihres Vereins oder Unternehmens oder für ähnliche Zwecke verwenden. Wenn Sie eine Seite erstellt und publiziert haben, erscheint der Seitentitel im Hauptmenü des Frontends.

Um eine neue Seite anzulegen, klicken Sie bitte neben der Überschrift *Seiten* auf *Erstellen.*

Vergeben Sie einen Titel für die Seite und geben Sie, sofern Sie wollen, einen Text ein. Den Editor kennen Sie ja bereits. Wenn Sie mit dem Inhalt zufrieden sind, können Sie sich eine Vorschau anzeigen lassen (auf der rechten Seite unter dem Begriff *Publizieren*) oder Sie veröffentlichen ihn gleich. Falls Sie sich für Letzteres entscheiden, wird die Seite gleich auf der Webseite angezeigt.

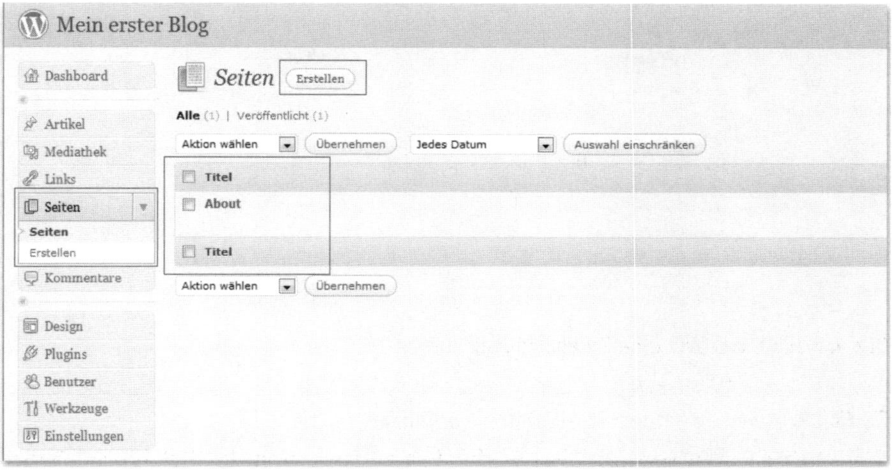

Bild 4.15: Eine neue Seite erstellen

Bild 4.16: Texteingabe im Textfeld

Sie können im Editor zwischen der HTML-Ansicht und der normalen Ansicht wechseln. Das bedeutet, dass Sie, falls Sie sich schon etwas mit der Webseitenerstellung auskennen, einen Text auch durch HTML-Befehle ergänzen können.

Bild 4.17: Einen Text durch HTML-Befehle ergänzen

Nicht nur Texte, sondern auch Medien lassen sich sehr einfach in eine Seite integrieren. Über der Editorleiste sind vier kleine Symbole zu sehen. Die Bilder stehen für *Bild einfügen*, *Video einfügen*, *Musik einfügen* und *Dateien einfügen*. Um dies zu testen, klicken Sie bitte auf das Symbol *Bild einfügen*. Das ist das erste von links. Im nächsten Fenster wählen Sie eine Bilddatei auf Ihrem Computer aus (*Schaltfläche Dateien auswählen*). Wenn Sie fündig geworden sind, genügt ein Klick auf *Öffnen* und die Datei wird in die Seite geladen.

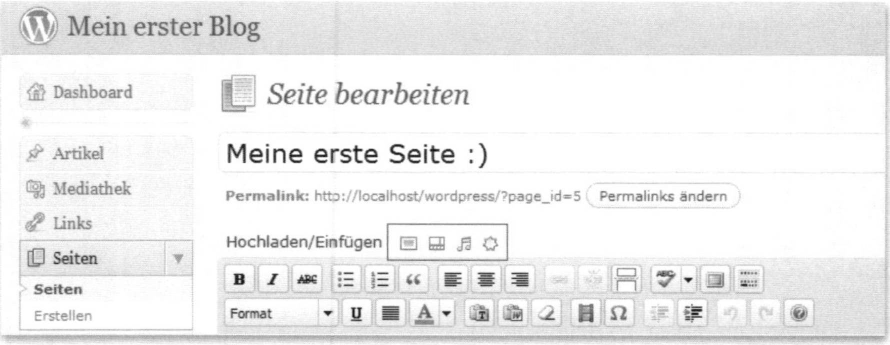

Bild 4.18: Die Medienauswahl im Editor

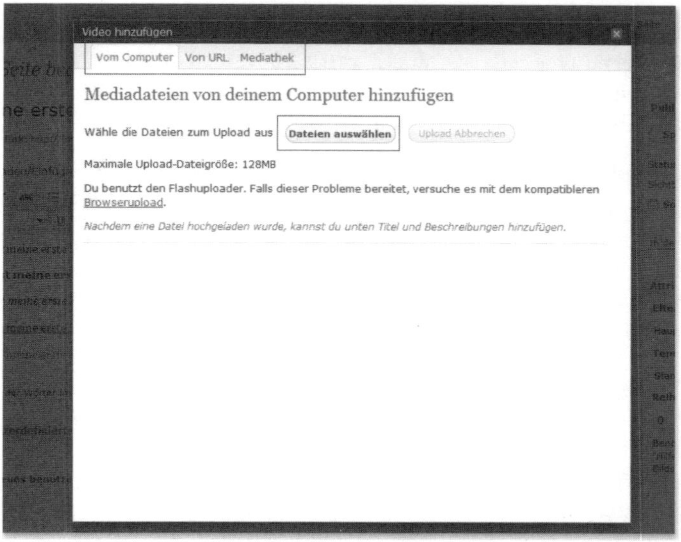

Bild 4.19: Dateiauswahl im Medienmanager

Bild 4.20: Durch Öffnen wird die Datei auf den Server geladen

8.) Kommentare

Kommentare sind Anmerkungen, die zu einem im Web veröffentlichten Beitrag geschrieben werden können. Kommentare sind die Grundlage für Diskussionen. Ein Kommentar wird etwas anders als ein Artikel dargestellt.

Während Sie in Ihren Blog oder Ihre Website (hoffentlich) immer lesenswerte Artikel einstellen, ist das bei externen Kommentaren nicht immer der Fall. Einige wenige Leser werden in ihren Kommentaren ausfällig, greifen zu Beschimpfungen oder bauen Links zu zweifelhaften Webseiten ein. Deswegen sollten Sie immer wieder kontrollieren, welche Kommentare zu Ihren Blogbeiträgen eingestellt werden, und sie, sofern nötig, löschen. WordPress macht Ihnen das sehr leicht.

Unterhalb der Überschrift *Kommentare* gibt es fünf Unterpunkte. *All* steht für alle Kommentare, *Unerledigt* bedeutet, dass es noch Kommentare gibt, die bearbeitet werden müssen. *Genehmigt* gibt die Zahl der Kommentare an, die bereits genehmigt und veröffentlicht wurden. *Spam* spricht für sich und im *Papierkorb* liegen gelöschte Kommentare, die aber wieder hergestellt werden können. In der Hauptansicht werden alle *Kommentare* mit *Autor* und Text dargestellt.

Bild 4.21: Übersicht des Kommentar-Menüs

Wenn Sie mit der Maus über den Kommentar fahren, werden Unterpunkte angezeigt.

Zurückweisen bedeutet: Der Kommentar wird nicht genehmigt.

Antworten können Sie direkt aus diesem Fenster heraus.

Quickedit erlaubt eine schnelle Bearbeitung.

Bearbeiten öffnet den Editor, allerdings nicht den praktischen Volltexteditor, sondern nur einen HTML-basierten Editor.

Spam markiert den Kommentar als Spam (unerwünschte Werbebotschaften werden in der Regel als Spam bezeichnet).

Papierkorb löscht den Kommentar.

Die Funktionen *Spam* und *Papierkorb* lassen sich widerrufen. Dadurch wird verhindert, dass Kommentare versehentlich endgültig gelöscht werden – man kann ja auch mal danebenklicken!

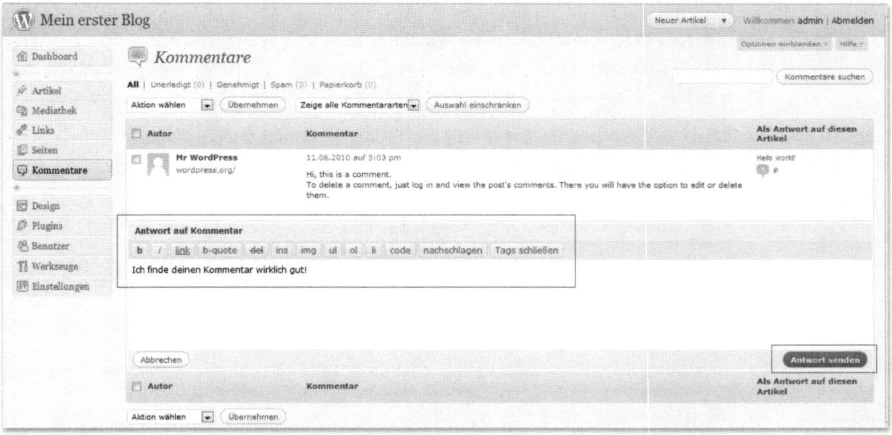

Bild 4.22: Editieren eines Kommentars

Wird der Kommentar von Ihnen genehmigt, erscheint er unterhalb des Beitrags auf der Webseite.

Bild 4.23: Kommentar unterhalb eines Beitrags

9.) Design

In der Übersicht *Themes* (ein Unterpunkt von *Design*) ist das aktive Theme – also die Gestaltungsvorlage – dasjenige, das oben angezeigt wird. Sie können mehrere Themes installieren, aber nur eins kann aktiv sein – so ist es möglich, das Erscheinungsbild der Website sehr unkompliziert zu wechseln. Darunter stehen die Themes, die installiert, aber nicht aktiv sind. Die Installation eines neuen Themes wird im Kapitel 8 beschrieben, so dass ich mich hier nur auf die Übersicht beschränke. Ein weiter unten angezeigtes Theme kann durch Anklicken aktiviert und damit zum aktiven Theme gemacht werden. Ebenso ist es möglich, installierte Themes zu löschen oder als Vorschau anzeigen zu lassen. Sie müssen nur eine der unter *Verfügbare Themes* angezeigten Vorlagen anklicken, schon erhalten Sie eine Vorschau in fast voller Bildschirmgröße.

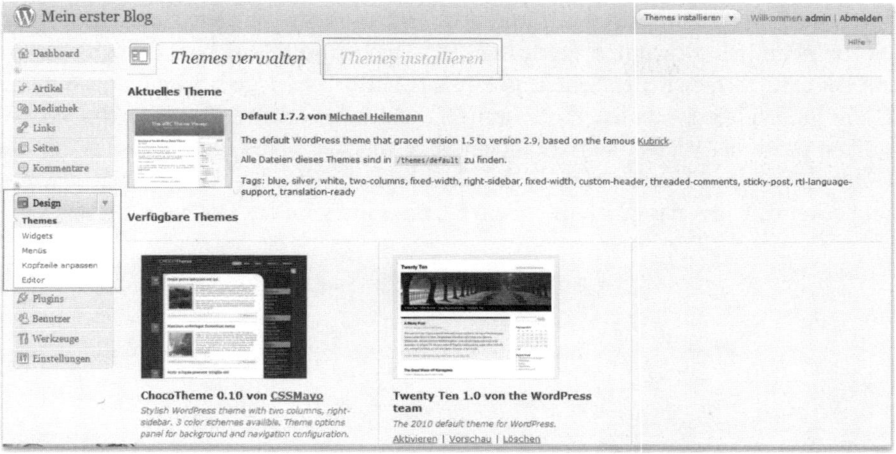

Bild 4.24: Die Theme-Auswahl

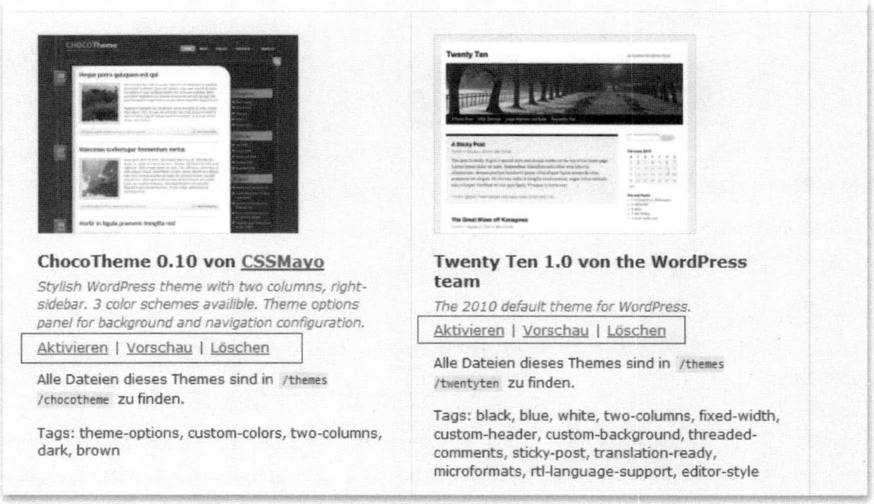

Bild 4.25: Theme-Optionen

Widgets (ein Kunstwort aus »Windows« und »Gadget«) sind kleine Fenster, die in der WordPress-Seitenleiste platziert werden können. Sie stellen in der Regel bestimmte Funktionen zur Verfügung – zum Beispiel einen Kalender, ein Artikelarchiv oder eine

Wettervorhersage, ein Gästebuch und viele andere mehr. Widgets sind sehr einfach einzubinden, nämlich durch Festhalten, Verschieben und Loslassen (Drag & Drop) auf der dafür vorgesehenen Seitenleiste. In der Mitte der Widgets-Seite finden Sie eine Reihe von Widget-Symbolen, die Sie auf der rechten Seitenleiste platzieren können. Sie packen dazu das Widget auf der linken Seite mit der Maus und ziehen es auf die rechte Seite in den Bereich mit der Aufschrift *main_sidebar* hinein. Speichern Sie dies und überprüfen Sie das Ergebnis, indem Sie oben links auf die Titelleiste klicken.

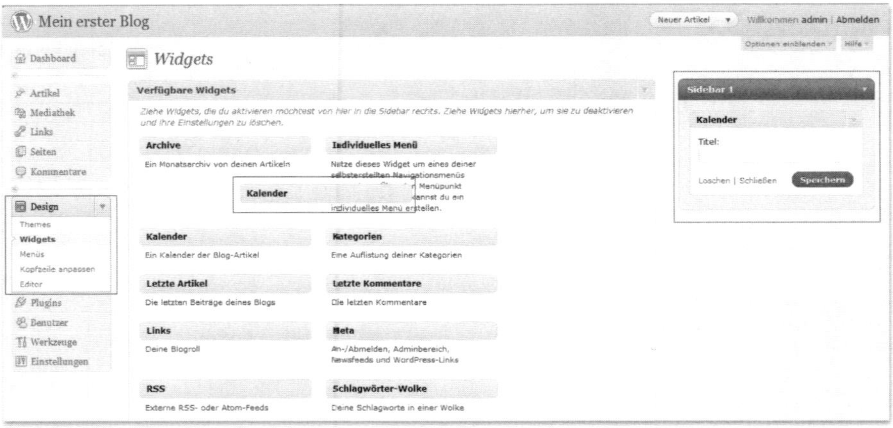

Bild 4.26: Widgets verschieben

Bild 4.27: Ein Menü anlegen

Die *Menü*-Funktion ermöglicht es, ein individuelles Menü zu erstellen. Da diese Funktion in WordPress 3 neu ist, muss auch das ausgewählte Theme diese Funktion unterstützen. Darauf müssen Sie achten. Geben Sie im Textfeld *Name des Menüs* einen Namen für das neue Menü ein und klicken Sie anschließend auf *Menü erstellen.* Im Anschluss daran können Sie dem Menüpunkt eine Seite zuweisen.

Über die Funktion *Kopfzeile anpassen* können Sie die Farbe der Schrift im Kopfbereich ändern.

Bild 4.28: Die Optionen für den Kopfbereich

Bild 4.29: Hier ändern Sie die Schriftfarbe im Kopfbereich

▶ Hintergrund

Hinter dieser Menüfunktion verbirgt sich die Möglichkeit, das Design von Einstellungen zu ändern. Zum Beispiel können Sie das Hintergrundbild bzw. die Hintergrundfarbe ändern.

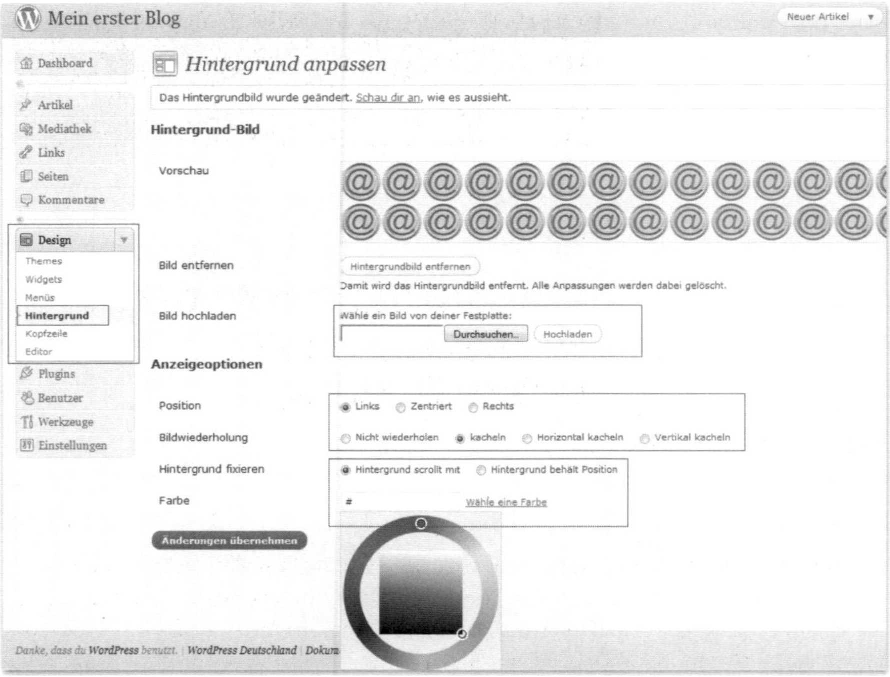

Bild 4.30: Hintergrund ändern

Oder auch das Bild im Kopfbereich der Webseite:

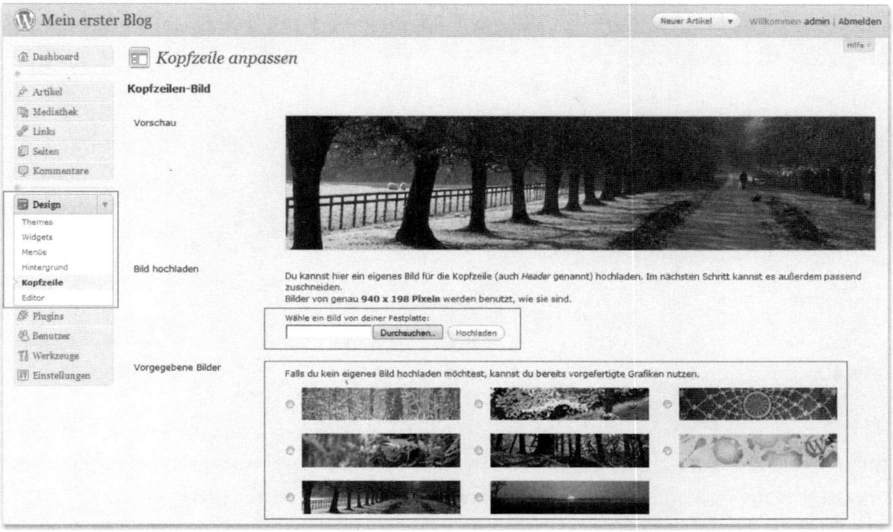

Bild 4.31: Kopfdatei ändern

10.) Plugins

Plugins sind wie Widgets kleine Programme, die den Funktionsumfang der Webseite um einiges erweitern können. Es gibt einige Hundert kostenlose Plugins, die Sie beispielsweise unter der Adresse *http://wordpress.org/extend/plugins/* laden und installieren dürfen. Unterhalb der Überschrift *Plugins* werden alle installierten, aktivierten und inaktiven Plugins mit einer kurzen Beschreibung angezeigt. Diese Beschreibungen sind leider sehr häufig auf Englisch verfasst. Durch Setzen eines Häkchens in das Kästchen vor dem Plugin-Eintrag wählen Sie das betreffende Plugin für eine Aktion aus. Folgende Aktionen sind möglich: *Aktivieren, Deaktivieren, Autoupdate und Löschen.* Im unteren Teil des Bildschirms finden Sie ein Drop-Down-Menü, in dem Sie eine dieser Optionen auswählen können. Durch einen Klick auf die daneben stehende Schaltfläche *Übernehmen* wird die Aktion bestätigt und ausgelöst.

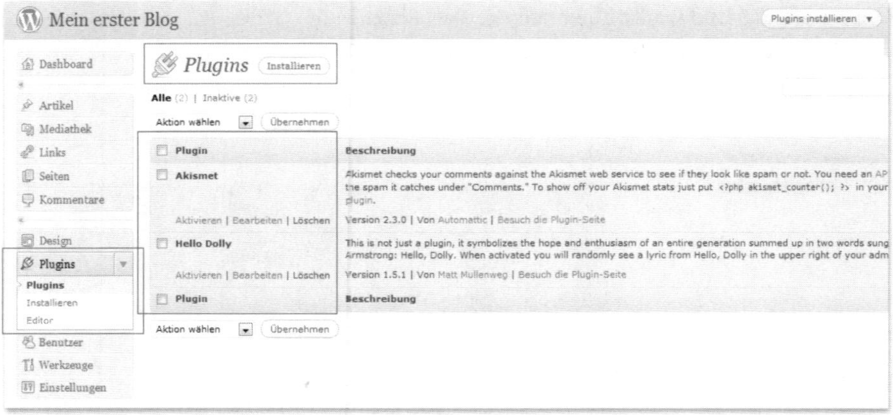

Bild 4.32: Plugins

Plugins lassen sich sehr leicht installieren. In WordPress kann man sogar danach suchen. Geben Sie einen Suchbegriff in das Feld *Suchen* ein oder wählen Sie einen Begriff aus der Schlagwortliste *Schlagworte* und warten Sie auf die Ergebnisse.

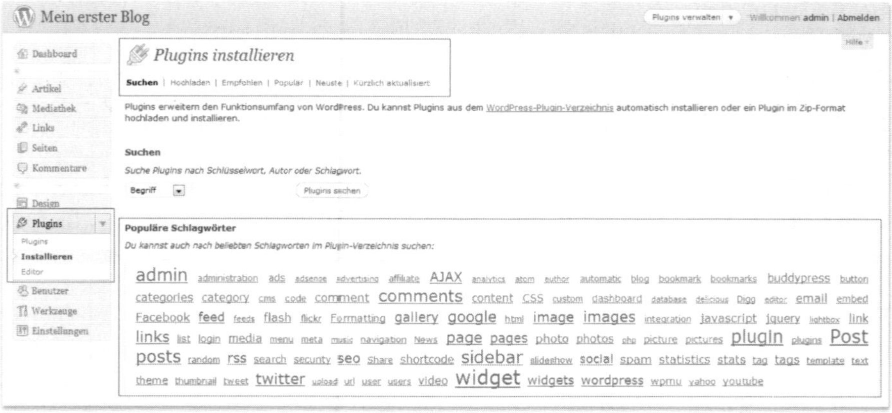

Bild 4.33: Das Menü *Plugins installieren*

Sie können auch ein Plugin laden und auf Ihrem Computer speichern. Hochladen und installieren können Sie das Plugin, indem Sie auf *Hochladen* klicken, im neuen

Fenster über den *Durchsuchen*-Button das Plugin auf Ihrem PC auswählen und anschließend auf *Jetzt installieren* drücken.

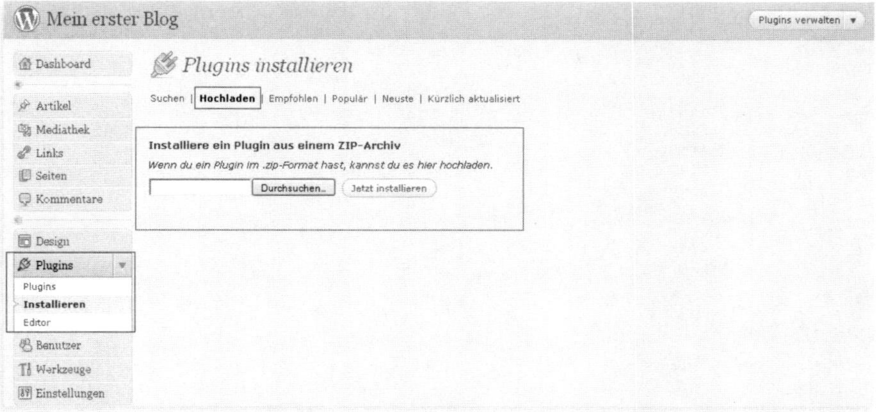

Bild 4.34: Ein Plugin hochladen

Die Suchbegriffe *Empfohlen*, *Populär*, *Neueste* und *Kürzlich aktualisiert* zeigen jeweils in der entsprechenden Reihenfolge verfügbare Plugins an.

Um Änderungen im Code eines Plugins vorzunehmen, kann der Editor gestartet und in den Code geschrieben werden. Dieses Feature ist allerdings für Profis gedacht.

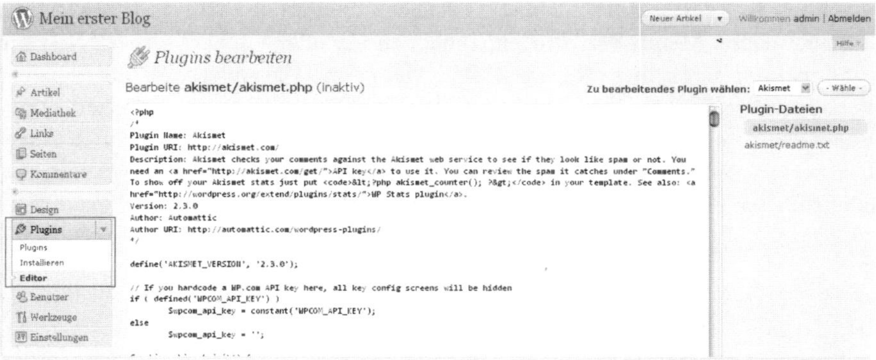

Bild 4.35: Code Editor

11.) Benutzer

Die Benutzerverwaltung in WordPress ist ausgereifter, als man glauben mag. Sie ist zwar nicht so ausgefeilt wie in einigen anderen Content-Management-Systemen, aber doch fein genug, um individuelle Rechte für die Benutzer und ihre Rollen festzulegen.

Bild 4.36: Benutzerübersicht

Berechtigungen und Zugriffsrechte für Webinhalte müssen klar geregelt sein. Durch sie können Inhalte nach Rollen administriert werden. Stellen wir uns ein mittelgroßes Portal für Reiseangebote vor. Der Inhalt und die Preise können sich täglich ändern. Aber wer stellt die neuen Inhalte ein? Wer erhält die nötigen Rechte? In WordPress lassen sich Rollen festlegen, die bestimmte Aufgaben erledigen dürfen oder eben nicht. Die Gruppe der Redakteure darf zum Beispiel Inhalte verwalten. Was darf sie aber nicht? Sie darf keine Plugins installieren und aktivieren und auch keine Menüs verschieben, umbenennen oder löschen. Dies dürfen nur Administratoren, die mehr Rechte als Redakteure und alle anderen Benutzer haben. WordPress macht es leicht, die Methodik, die dahinter liegt, zu verstehen. Einen neuen Benutzer legen Sie an, indem Sie oben rechts auf die Schaltfläche *Neuen Benutzer anlegen* klicken. Es erscheint dann unten stehendes Fenster mit Eingabemöglichkeiten für den Benutzer.

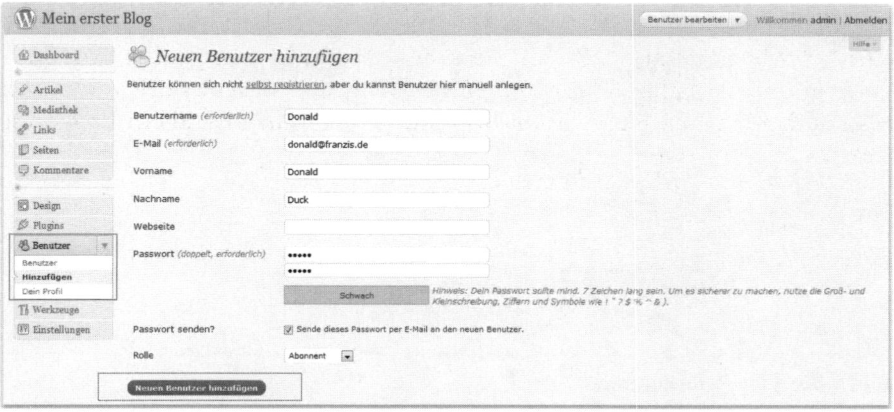

Bild 4.37: Einen neuen Benutzer anlegen

Folgende Benutzerrollen sind derzeit in WordPress verfügbar:

Administratoren
dürfen alles tun und sehen alle Optionen.

Redakteure
können Artikel und Seiten anlegen und veröffentlichen sowie die Artikel, Seiten (etc.) von anderen Benutzern verwalten (ändern, löschen, veröffentlichen).

Autoren
können eigene Artikel veröffentlichen und bearbeiten.

Mitarbeiter
können eigene Artikel schreiben und bearbeiten, sie jedoch nicht veröffentlichen. Auch dürfen sie keine Dateien hochladen.

Abonnenten
können nur Kommentare lesen und abgeben.

Wollen Sie Angaben in Ihrem Benutzerprofil ändern, so zum Beispiel ein Passwort, dann können Sie dies in dem Bereich *Profil* tun. Speichern Sie die Änderungen ab. Beim nächsten Login sind die neuen Einstellungen aktiv.

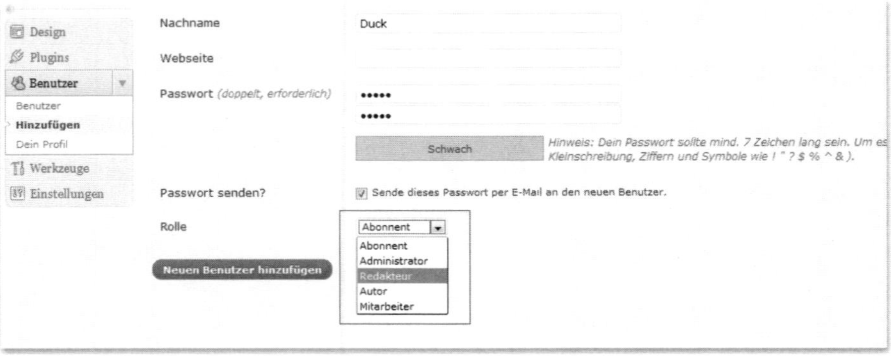

Bild 4.38: Eine Rolle zuordnen

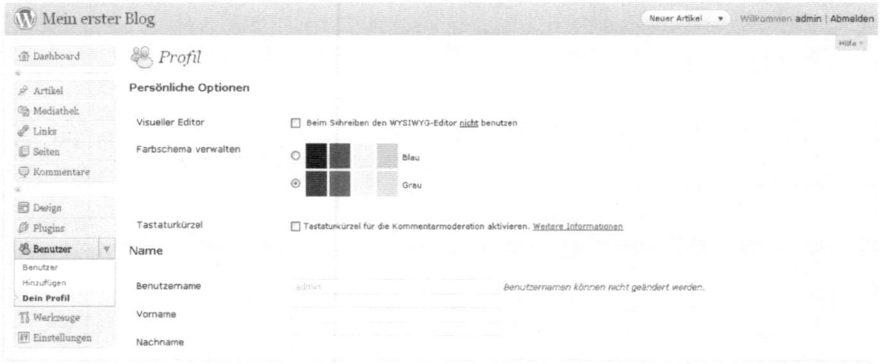

Bild 4.39: Profil-Änderungen

12.) Werkzeuge

Press This ist eine interessante kleine Anwendung, die im Browser läuft und es ermöglicht, von jeglicher Webseite Texte zu kopieren, zu bearbeiten und als eigenen Inhalt zu veröffentlichen. Das ist für Blogger interessant. Dadurch kann der Blogger aktuelle Inhalte als Quelle im Blog veröffentlichen. Klicken Sie mit der rechten Maustaste auf den Link *Press This* und wählen Sie im Menü *Lesezeichen für diesen Link hinzufügen* im Firefox oder *zu Favoriten hinzufügen* im Internet Explorer aus. Surfen Sie zum Testen die Seite *www.heute.de* an und starten Sie *Press This* aus den Favoriten bzw. Bookmarks. Das Ergebnis könnte so aussehen:

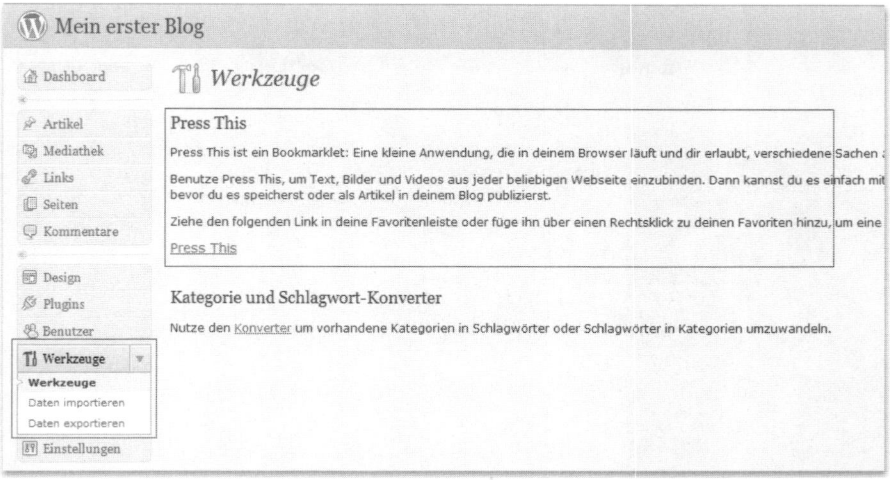

Bild 4.40: Press This

Bild 4.41: Nachrichteninhalte mit Press This einbinden

Sie können Press This verwenden, um Text, Bilder und Videos aus jeder beliebigen Webseite einzubinden. Danach können Sie es einfach mit Press This bearbeiten und noch eigenen Text hinzufügen.

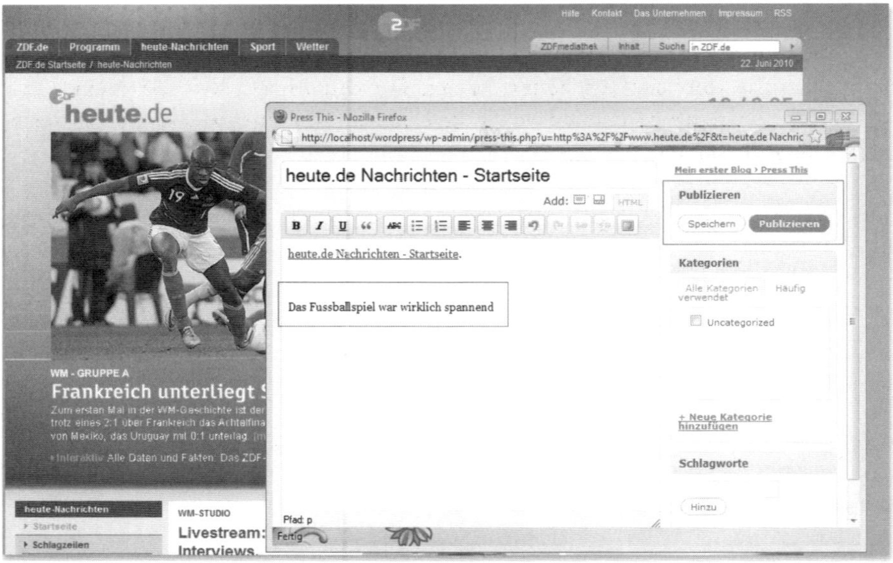

Bild 4.42: Press This mit selbst verfasstem Textinhalt

Bild 4.43: Ergebnis auf der Startseite

WordPress bietet unter *Daten importieren* die Möglichkeit an, Blogbeiträge aus anderen Blogs zu importieren. Wählen Sie *Live Journal* oder *WordPress*, indem Sie es anklicken. Es öffnet sich ein neues Fenster. Für den Import wird ein kleines Programm benötigt. Sie müssen auf *Jetzt installieren* klicken, um das Import-Programm verwenden zu können.

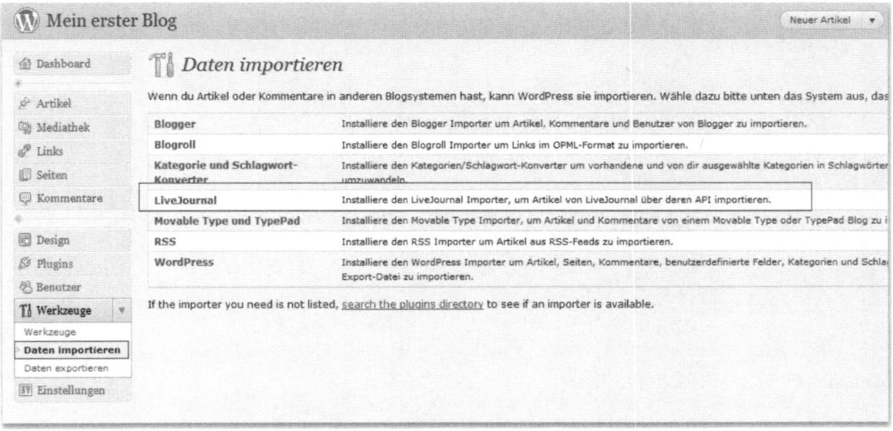

Bild 4.44: Das Programm LiveJournal importieren

Bild 4.45: Installieren des Import-Programms

Falls Sie noch einen anderen Blog betreuen, können Sie unter *Daten exportieren* mit Hilfe der Export-Funktion Beiträge, RSS-Beiträge und Schlagwörter exportieren und in einen anderen WordPress-Blog wieder importieren. Vielleicht wollen Sie ja nicht alle Beiträge, sondern nur die aus dem letzten Monat exportieren. Über einen Filter können Sie auswählen, welche Inhalte in die Exportdatei geschrieben werden sollen. Wählen Sie, filtern Sie und drücken Sie anschließend den Button *Export-Datei herunterladen.*

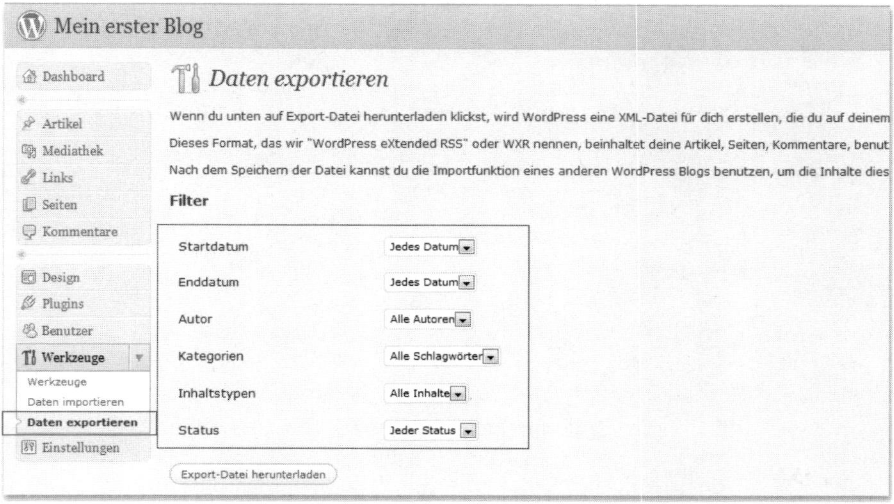

Bild 4.46: Exportieren von Einträgen

13.) Einstellungen

Im Bereich *Allgemein* können Sie alle grundlegenden Einstellungen festlegen. Hier wird der Blogtitel bestimmt, der in der linken oberen Ecke der Titelleiste zu sehen ist. Unter dem Punkt *Mitgliedschaft* können Sie festlegen, ob sich ein neuer Benutzer selbst registrieren darf und welche Rolle der *Neue* zugewiesen bekommt. Standardmäßig ist die Rolle des *Abonnenten* für einen neuen Benutzer festgelegt. Legen Sie die Zeitzone und das Datumsformat fest, und wenn Sie fertig sind, drücken Sie den Button *Änderungen übernehmen.*

Es gibt verschiedene Wege, neue Inhalte zu veröffentlichen. Inhalte sind Seiten, Artikel und Kommentare. Auf der Seite *Schreiben* kann festgelegt werden, in welcher Kategorie ein neuer Inhalt erscheinen soll. Die Angaben zum Mailserver sind wichtig, wenn Sie Artikel *via E-Mail schreiben* und an die Webseite senden wollen, ohne sich einloggen zu müssen. Auf diese Weise können Sie zum Beispiel mit einem Smartphone im Zug bloggen, wenn Sie darauf Lust haben. Sind die Mailserver-Angaben falsch, dann werden die so verfassten Artikel und Kommentare natürlich nicht veröffentlicht.

Bild 4.47: Festlegen des Blogtitels

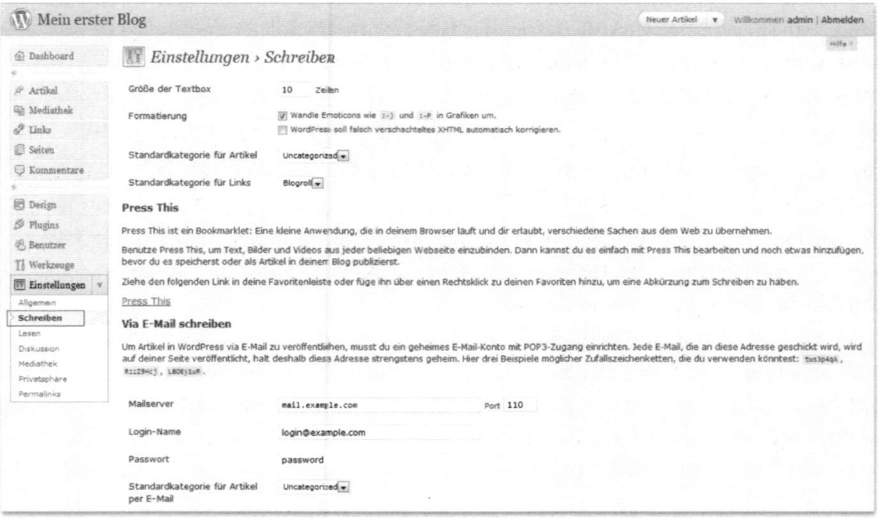

Bild 4.48: Einstellungen für das Schreiben

Auf der Seite *Lesen* wird festgelegt, was auf der Startseite der Webseite angezeigt werden soll. Wenn es sinnvoller ist, die letzten zehn Artikel auf der Startseite anzeigen zu lassen, dann tun Sie das. Ist Ihnen eine statische Seite lieber, dann können Sie auch das auswählen. Probieren Sie ein bisschen herum.

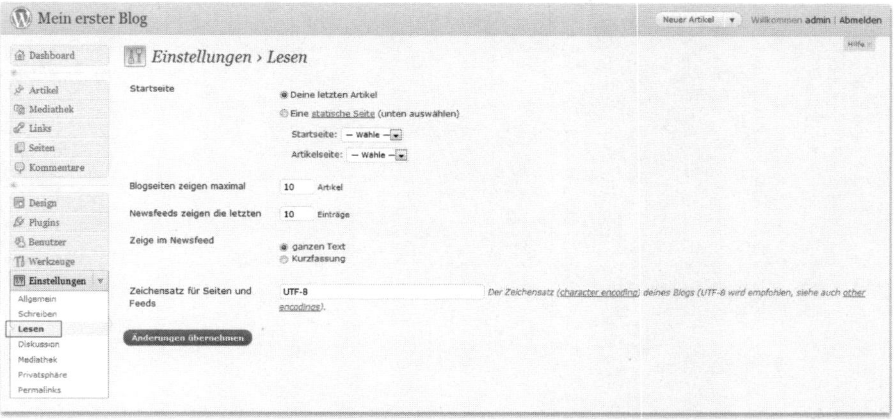

Bild 4.49: Einstellungen für das Lesen

Auf der Seite *Diskussion* werden umfangreiche Möglichkeiten angeboten, mit Kommentaren auf der Website umzugehen. Klicken Sie auf *Änderungen übernehmen*, um die Einstellungen zu speichern.

Auf der Einstellungsseite *Mediathek* werden grundlegende Angaben zur Größe der Bilder gemacht. Sie können die Angaben beliebig ändern. Die Grundeinstellungen erscheinen aber sehr sinnvoll, und ich würde sie so belassen. Ebenso können Sie hier festlegen, in welches Verzeichnis auf dem Server die hochgeladenen Dateien wie etwa Bilder abgespeichert werden sollen. Speichern Sie die Änderungen, wenn Sie mit der Konfiguration fertig sind.

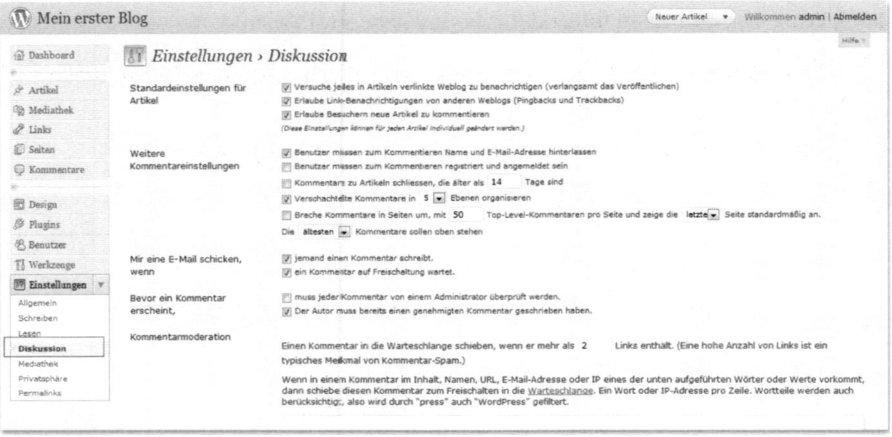

Bild 4.50: Diskussionen-Einstellungen festlegen

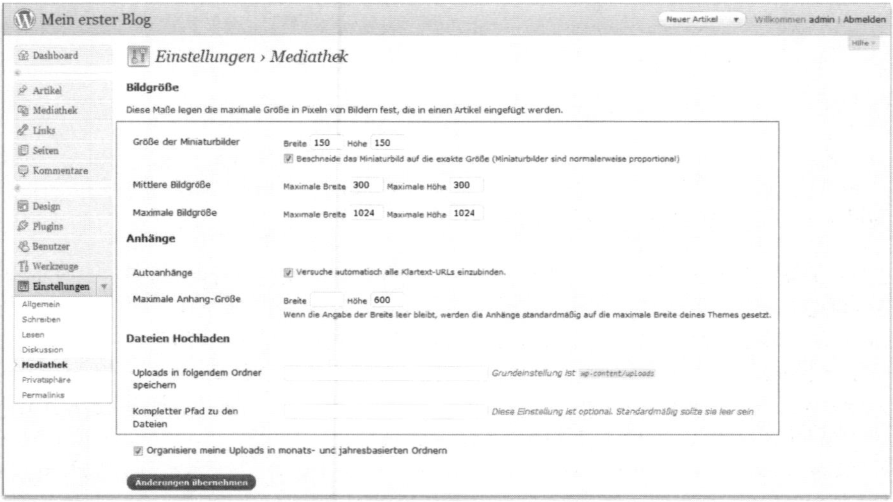

Bild 4.51: Mediathek-Einstellungen festlegen

Unter der Option *Privatsphäre* können Sie einstellen, ob Ihr Blog bzw. Ihre Webseite von Robots und Crawlern aufgespürt und indiziert werden soll.

Sie können zwischen den folgenden Möglichkeiten wählen:

- *Mein Blog soll für jeden, Suchmaschinen und Web-Archivierer eingeschlossen, sichtbar sein.*
- *Ich möchte Suchmaschinen blockieren, aber normale Besucher zulassen.*

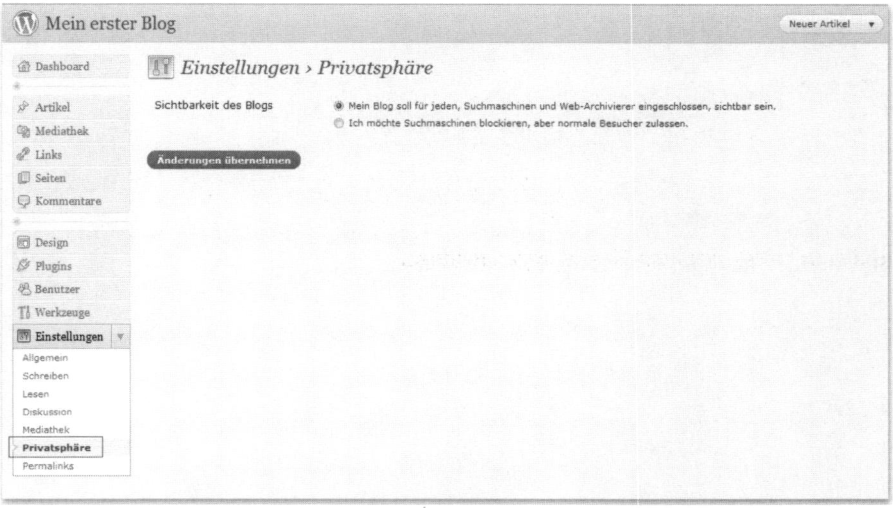

Bild 4.52: Privatsphäre-Einstellungen festlegen

Permalinks dienen dazu, die Webseite suchmaschinenfreundlicher zu gestalten. Suchmaschinen registrieren suchmaschinenfreundliche URLs (Uniform Resource Locator, vulgo: Webadressen) schneller als weniger konforme URLs. Ein Beispiel: Wenn Sie aktuelle Inhalte Ihres Reisetagebuchs auf der URL *www.reisetagebuch.de/reisetagebuch* veröffentlichen, ist dies kein Permalink, denn der Inhalt ändert sich unter Umständen täglich. Verwenden Sie aber die URL *www.reisetagebuch.de/reisetagebuch/montag_12042020*, so ist dies ein dauerhafter Link, der sich nicht täglich ändert und daher suchmaschinenfreundlicher ist.

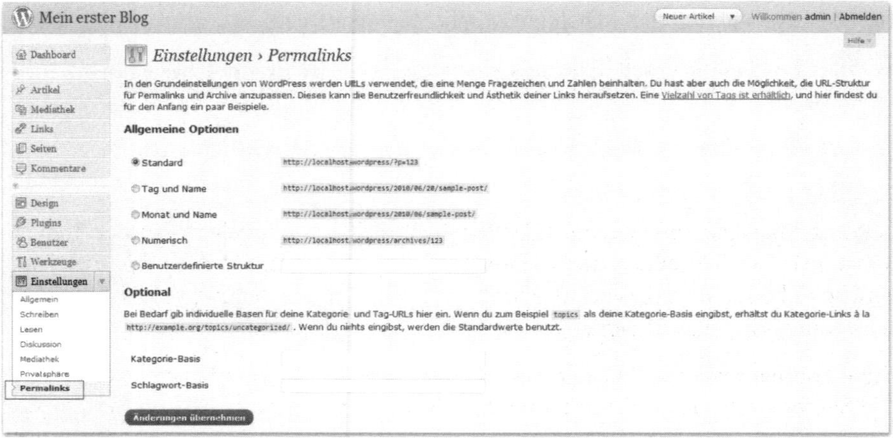
Mein erster Blog
Neuer Artikel
Willkommen admin | Abmelden
Hilfe
Dashboard
Artikel
Mediathek
Links
Seiten
Kommentare
Design
Plugins
Benutzer
Werkzeuge
Einstellungen
Allgemein
Schreiben
Lesen
Diskussion
Mediathek
Privatsphäre
Permalinks
Einstellungen › Permalinks
In den Grundeinstellungen von WordPress werden URLs verwendet, die eine Menge Fragezeichen und Zahlen beinhalten. Du hast aber auch die Möglichkeit, die URL-Struktur für Permalinks und Archive anzupassen. Dieses kann die Benutzerfreundlichkeit und Ästhetik deiner Links heraufsetzen. Eine Vielzahl von Tags ist erhältlich, und hier findest du für den Anfang ein paar Beispiele.
Allgemeine Optionen
Standard
http://localhost/wordpress/?p=123
Tag und Name
http://localhost/wordpress/2010/06/20/sample-post/
Monat und Name
http://localhost/wordpress/2010/06/sample-post/
Numerisch
http://localhost/wordpress/archives/123
Benutzerdefinierte Struktur
Optional
Bei Bedarf gib individuelle Basen für deine Kategorie und Tag-URLs hier ein. Wenn du zum Beispiel topics als deine Kategorie-Basis eingibst, erhältst du Kategorie-Links à la http://example.org/topics/uncategorized/ . Wenn du nichts eingibst, werden die Standardwerte benutzt.
Kategorie-Basis
Schlagwort-Basis
Änderungen übernehmen

Bild 4.53: Permalinks-Einstellungen festlegen

5 Inhalte für WordPress erstellen

Content-Management-Systeme (CMS) wie WordPress brauchen aktuelle Inhalte (Content). Die Besucher einer Webseite sollen ja bei jedem Besuch frischen Stoff vorfinden können. In diesem Abschnitt geht es um die Erstellung von Seiten, Artikeln, Kategorien und Bildern.

Texte können mit dem Editorwerkzeug sehr einfach erstellt und angepasst werden. Die Symbolleiste des Editors erinnert stark an Textverarbeitungsprogramme wie Word oder OpenOffice. Wer sich also mit einer Textverarbeitung auskennt, dürfte mit dem WordPress-Editor keine größeren Schwierigkeiten haben.

Bild 5.1: Die Werkzeugleiste des Texteditors

Zunächst wollen wir eine neue Seite anlegen. Das Anlegen einer neuen Seite ist eine leichte Aufgabe in WordPress. Über das Menü *Seiten / Erstellen* wird im Handumdrehen eine neue leere Seite angelegt. Eine neue Seite wird auch gleichzeitig als Menüpunkt auf der Webseite angezeigt.

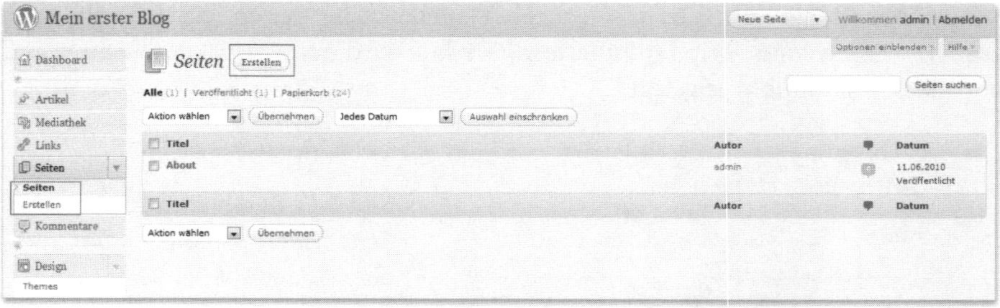

Bild 5.2: Durch Klick auf *Erstellen* öffnet sich das Seiten-Menü.

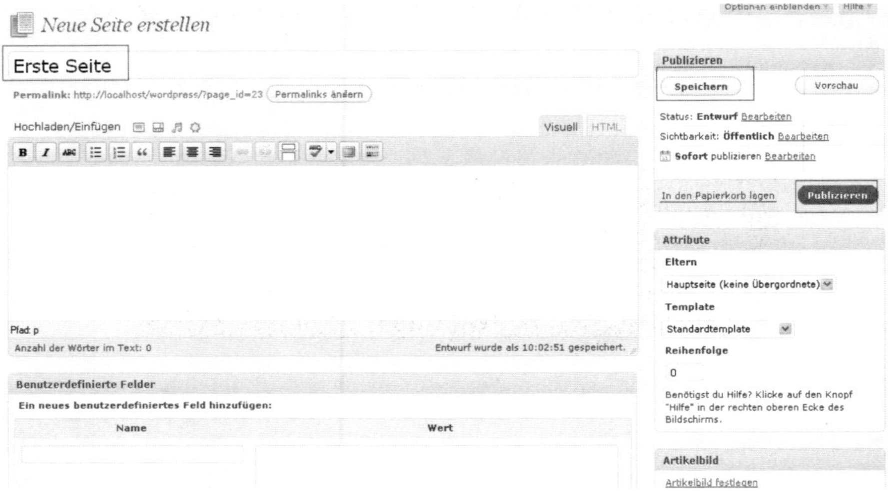

Bild 5.3: In der Überschriftszeile vergeben Sie den Namen der Seite.

Wenn Sie eine neue Seite erstellen, vergeben Sie als Erstes in der Überschriftszeile den Namen für diese Seite. Im Beispiel habe ich eine neue Seite mit dem Namen *Erste Seite* angelegt. Auf der rechten Seite in der Spalte *Publizieren* gibt es einige wichtige Funktionen: Wenn Sie auf *Speichern* klicken, wird die Seite gespeichert. Sie lässt sich dann aber über die Funktionen *Bearbeiten* und *Quickedit* editieren, falls noch Korrekturen nötig sind. Allerdings ist die Seite noch nicht veröffentlicht – sprich: Sie ist für Besucher Ihrer Website noch nicht sichtbar.

Den Status einer Seite sehen Sie ebenfalls auf der rechten Seite. Der Zustand *Entwurf* bedeutet, die Seite ist noch nicht veröffentlicht, aber gespeichert. Ist *Veröffentlicht* ausgewählt, dann ist die Seite sichtbar auf der Webseite platziert. Mit *Vorschau* können Sie die Seite ansehen, aber auch wieder verwerfen, falls sie noch editiert werden muss. Mit der Funktion *Vorschau* wird noch nichts gespeichert und auch kein Menüpunkt angelegt.

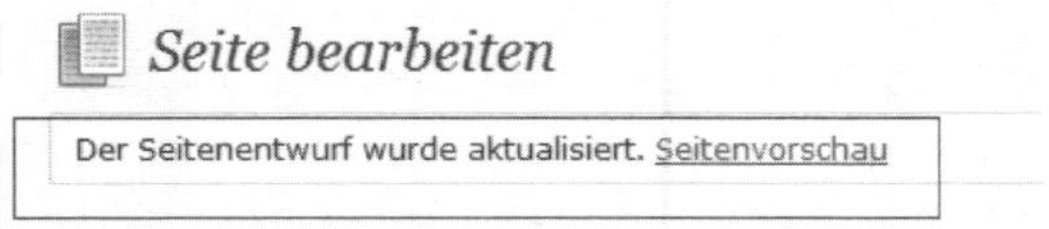

Bild 5.4: Durch Klick auf *Seitenvorschau* erhalten Sie eine Voransicht der Seite.

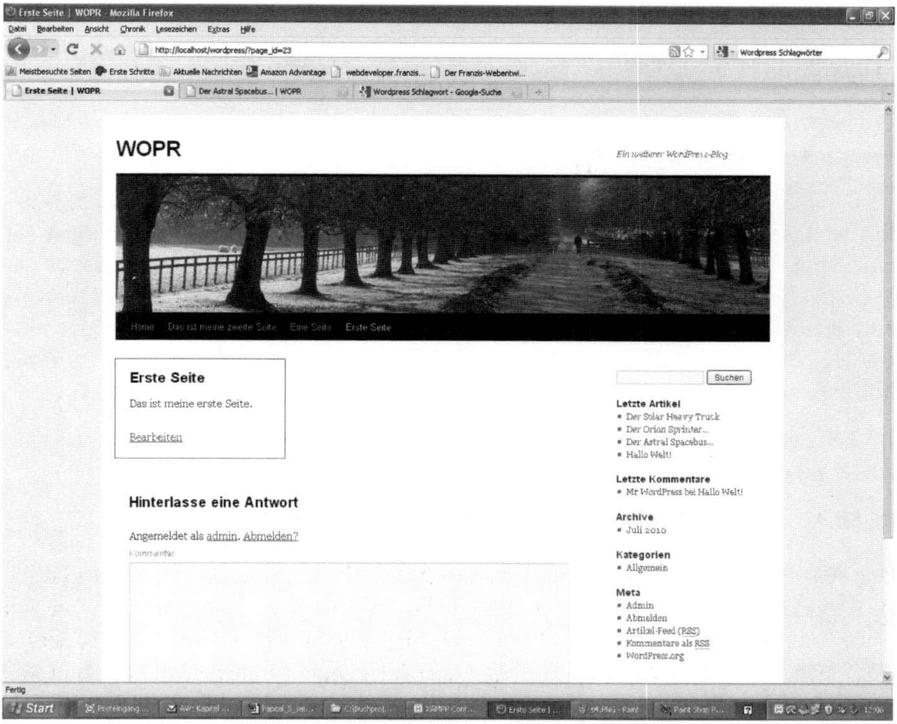

Bild 5.5: Die Voransicht der neu erstellten Seite

Die Funktion *In den Papierkorb werfen* spricht für sich. Über die blaue Schaltfläche *Publizieren* wird die Seite endgültig veröffentlicht. Das bedeutet, dass Besucher Ihrer Website die soeben erstellte Seite jetzt auch im Internet sehen können.

Eine interessante Zusatzfunktion, allerdings ein wenig versteckt, ist die Möglichkeit, ein Veröffentlichungsdatum einzugeben. Damit können Sie einen Zeitpunkt (Tag und Uhrzeit) festlegen, an dem diese Seite veröffentlicht werden soll. Sie finden diese Funktion, wenn Sie im Fenster *Publizieren* neben der Funktion *Sofort publizieren* auf *Bearbeiten* klicken. Dann öffnet sich ein Menü, in dem Sie das Datum und die Uhrzeit eingeben können, zu der die Seite im Netz erscheinen soll. Wenn Sie das getan haben, hat sich die Aufschrift der blauen *Publizieren*-Schaltfläche in *Planen* verwandelt. Wenn Sie nun auf *Planen* klicken, wird die erstellte Seite zum angegebenen Zeitpunkt im Netz veröffentlicht.

Diese Option ist vor allem für professionelle Blogger und Journalisten wichtig, denn für manche Nachrichten und Informationen gibt es eine Sperrfrist – sie dürfen also erst zu einem bestimmten Zeitpunkt veröffentlicht werden. Auf diese Weise können Blogger und Journalisten die Meldung in aller Ruhe vorbereiten. Das System sorgt dann selbst dafür, dass die Information erst zu dem vorherbestimmten Zeitpunkt öffentlich wird.

Ein weiteres nützliches Feature ist das Einrichten bestimmter Berechtigungen für eine Seite. Mit der Option *Sichtbarkeit* können Sie festlegen, ob jeder Besucher der Website die Seite einsehen kann (*Öffentlich*) oder ob er/sie sich durch ein Passwort authentifizieren muss (*Passwortgeschützt*). Wenn Sie die Variante *Passwortgeschützt* wählen, öffnet sich sofort ein Eingabefeld, mit dem Sie das Passwort bestimmen können.

Im Fenster *Attribute* auf der rechten Seite (unterhalb des *Publizieren*-Fensters) sind drei Punkte mit den Bezeichnungen

- *Eltern*
- *Template*
- *Reihenfolge*

zu sehen. Nehmen wir an, die neue Seite ist eine Unterseite der Hauptseite. Wenn die Hauptseite die Seite mit der Bezeichnung *Obst* ist, dann könnte eine Unterseite etwa eine Seite mit dem Namen *Birne* sein. Da *Birne* eine untergeordnete Seite ist, können Sie durch das Attribut *Eltern* festlegen, dass *Obst* die Hauptseite ist. Soll aber die Seite *Birne* eine eigene unabhängige Seite sein, dann wählen Sie als *Eltern* nicht *Obst*, sondern *Hauptseite* aus.

Mit dem Attribut *Templates* kann ein anderes Template-Layout für die gerade erstellte Seite festgelegt werden. Die wählbare Option *One column no sidebar* bedeutet zum Beispiel, dass die Spalte mit den Linkoptionen der Hauptseite ausgeblendet werden kann. Und über das Attribut *Reihenfolge* können Sie bestimmen, an welcher Position im Navigations-Menü die Seite angezeigt werden soll.

Bild 5.6: Die Fenster *Publizieren* und *Attribute*

Eine Seite in WordPress ist quasi ein Behälter für Texte und Medien und gleichzeitig ein Werkzeug, um Menüpunkte für die Navigation zu erzeugen. Etwas anders ist die Möglichkeit zu verstehen, einen Artikel bzw. einen Beitrag zu erstellen.

Zum besseren Verständnis muss man sich vor Augen halten, dass WordPress zuerst und zuvorderst eine Software ist, mit der sich Weblogs, kurz Blogs, erstellen lassen. Wörtlich übersetzt sind Blogs Web-Tagebücher, in denen zahlreiche Texteinträge untereinander stehen können. Der neueste Beitrag steht immer oben auf der Startseite, danach folgen die weniger aktuellen Artikel. Wird der Top-Artikel durch einen neueren ersetzt, dann rutscht er eine Stufe nach unten.

Mit den Artikeln kann ein Seitenbetreiber sehr einfach aktuelle Texte einstellen, die Funktion ähnelt einem Ticker einer Nachrichtenagentur. Ein Verein oder ein kleines Unternehmen kann auf diese Weise sehr schnell Neuigkeiten verbreiten. So gesehen, sind Artikel eher Texte, bei denen es sehr stark auf Aktualität ankommt, während man Informationen mit längerem Gebrauchswert eher auf einer Seite platzieren wird.

▶ Einen Artikel erstellen

Artikel lassen sich mit Hilfe des eingebauten Editors bearbeiten und editieren. Ein Artikel wird auf dieselbe Weise erstellt wie eine Seite. Neben den üblichen Formatierungen wie fett, kursiv, unterstrichen usw. können Sie mit einem Klick auf eines der Symbole, die neben *Hochladen/Einfügen* stehen, Bild- oder Video-Dateien einbinden.

Wenn Sie den Menüpunkt *Artikel* anklicken, erscheinen die Optionen *Erstellen*, *Kategorien* und *Schlagwörter*. Erstellen Sie einen neuen Artikel, indem Sie auf *Artikel / Erstellen* klicken. Geben Sie ihm einen Titel Ihrer Wahl. Schreiben Sie dann etwas Text in das Textfeld. Wenn Sie mit Textverarbeitungen wie Word oder OpenOffice vertraut sind, sollte es keine Mühe machen, die Grundfunktionen des Editors verstehen und anwenden zu können.

Auf der rechten Seite sind genau wie bei der Seitenerstellung verschiedene Eigenschaften und Optionen wählbar. Die Funktionen, die unter *Publizieren* möglich sind, unterscheiden sich nicht von der namensgleichen Funktion bei der Seitenerstellung. Das heißt: Auch hier können Sie durch die *Bearbeiten*-Funktion neben *Sofort publizieren* einen Zeitpunkt festlegen, zu dem der Artikel automatisch veröffentlicht wird. Mit der Option *Sichtbarkeit* können Sie festlegen, ob jeder Besucher der Website den Artikel einsehen kann (*Öffentlich*) oder ob er/sie sich durch ein Passwort authentifizieren muss (*Passwortgeschützt*). Wenn Sie die Variante *Passwortgeschützt* wählen, öffnet sich sofort ein Eingabefeld, mit dem Sie das Passwort bestimmen können.

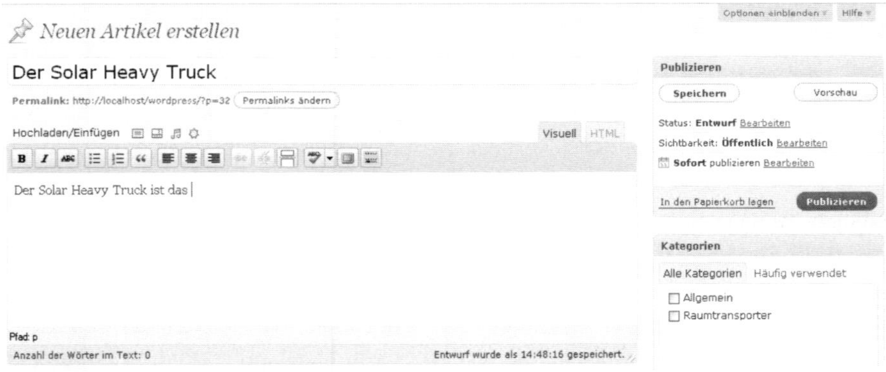

Bild 5.7: Einen Artikel erstellen

Die Vorschaufunktion gibt es auch bei den Artikeln. Hier heißt sie *Beitragsvorschau.*

Soll ein Artikel publiziert werden, dann klicken Sie auf die Schaltfläche *Publizieren.* Standardmäßig wird der neue Artikel auf der Startseite angezeigt und über das Menü auf der rechten Seite aufgerufen. Wenn Sie keine Kategorie für die Artikel festlegen, wird der Artikel automatisch der Kategorie *Allgemein* zugeordnet.

Erstellen wir zwei kleine Artikel.

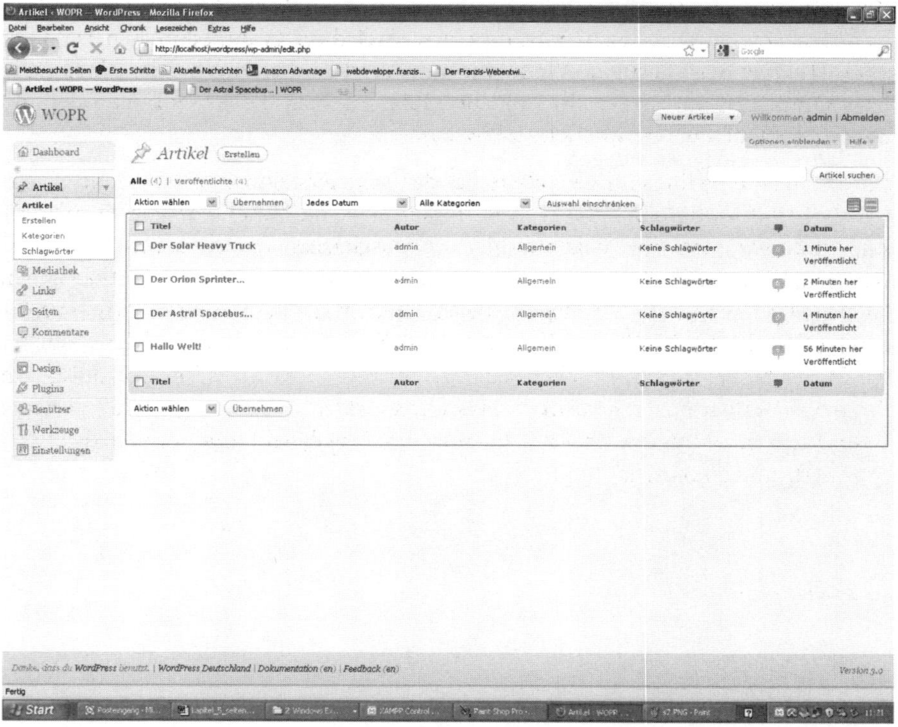

Bild 5.8: Artikel anlegen

Als Nächstes legen wir eine Kategorie mit der Bezeichnung *Raumtransporter* an. Natürlich können Sie stets eine andere Bezeichnung vergeben. Eine Kategorie wird über das Menü *Artikel / Kategorien / Neue Kategorien hinzufügen* angelegt.

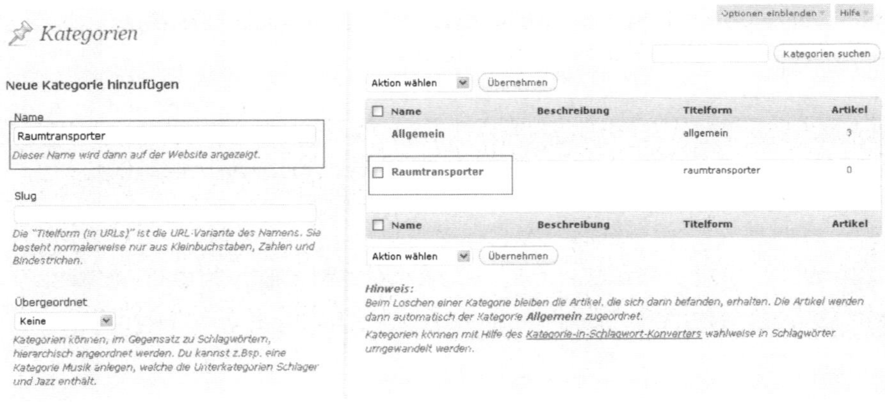

Bild 5.9: Eine Kategorie anlegen

Als Nächstes ordnen wir unsere Artikel der eben angelegten Kategorie zu. Dazu wechseln wir zurück zum Menüpunkt *Artikel*, wählen den ersten Artikel aus, bearbeiten ihn (wir wählen also die Option *Bearbeiten*) und ordnen ihn der Kategorie *Raumtransporter* zu. Die Zuordnung erfolgt über das Menü auf der rechten Seite mit der Überschrift *Kategorien.*

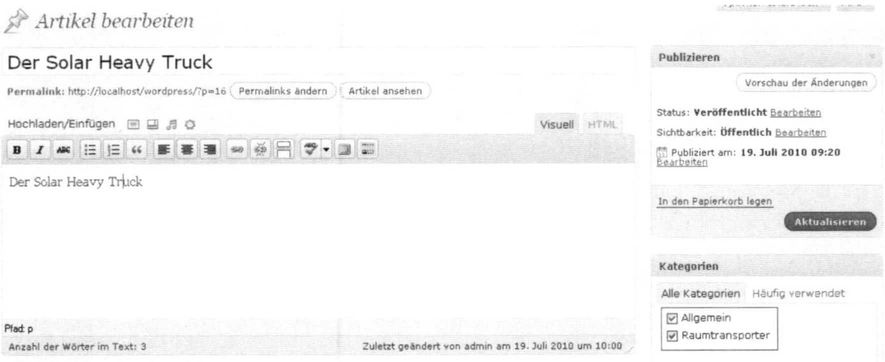

Bild 5.10: Kategorie zuordnen

Artikel lassen sich gruppieren und mehreren Kategorien zuordnen. Wenn Sie zurück zur Webansicht wechseln, sehen Sie, dass alle Artikel untereinander stehen, ganz gleich, welcher Kategorie sie zugeordnet sind. Allerdings finden Sie auf der rechten Spalte unter der Überschrift *Kategorien* die beiden Menüpunkte *Allgemein* und *Raumtransporter.* Wenn Sie auf *Raumtransporter* klicken, erscheint nur der Artikel, der auch dieser Kategorie zugeordnet ist.

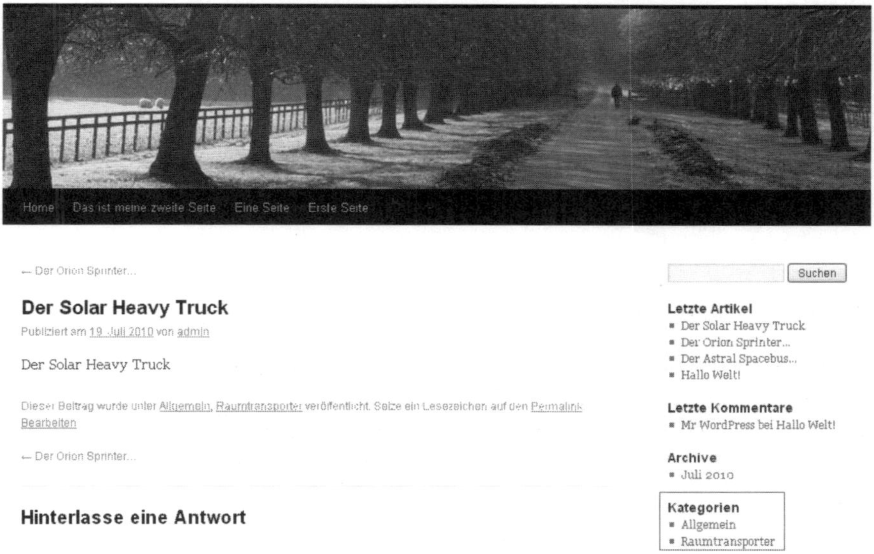

Bild 5.11: Kategorien in der Webansicht

Neben Kategorien können Sie beim Erstellen eines Artikels auch Schlagwörter vergeben. Worin besteht der Unterschied zwischen Schlagwörtern und Kategorien? Kategorien dienen der generellen und eher groben Einordnung von Artikeln. Sie sind für den Webseitenbesucher sichtbar und erlauben ihm, die Inhalte quasi selbst zu sieben. Wenn auf der Seite zum Beispiel bereits Kategorien wie *Joomla!*, *WordPress*, *Drupal* und *TYPO3* zu sehen sind und die Artikel den betreffenden Kategorien korrekt zugeordnet sind, dann kann der Besucher durch Klick auf die Kategorie die Artikel bereits selbst filtern.

Schlagwörter zielen dagegen auf Suchmaschinen wie Google. Wenn Sie für einen WordPress-Artikel Schlagwörter vergeben, dann erhöhen Sie die Chance, dass Google & Co. diesen Artikel als Treffer anzeigen, wenn ein Web-Benutzer nach diesem Begriff sucht.

Bilder einbinden

Bilder können in Seiten oder Artikeln eingebunden werden. Auch in diesem Bereich überrascht WordPress mit seinen Funktionen. In diesem Beispiel verwende ich als einzufügendes Bild das Windows-Bild *Steg*, das in Vista und Windows 7 als lizenzfreies Bild verwendet werden kann. Sie können natürlich auch eigenes Bildmaterial verwenden. Die Windows-Beispielbilder befinden sich in einer Standardinstallation im Verzeichnis *Öffentlich / Öffentliche Bilder / Beispielbilder*.

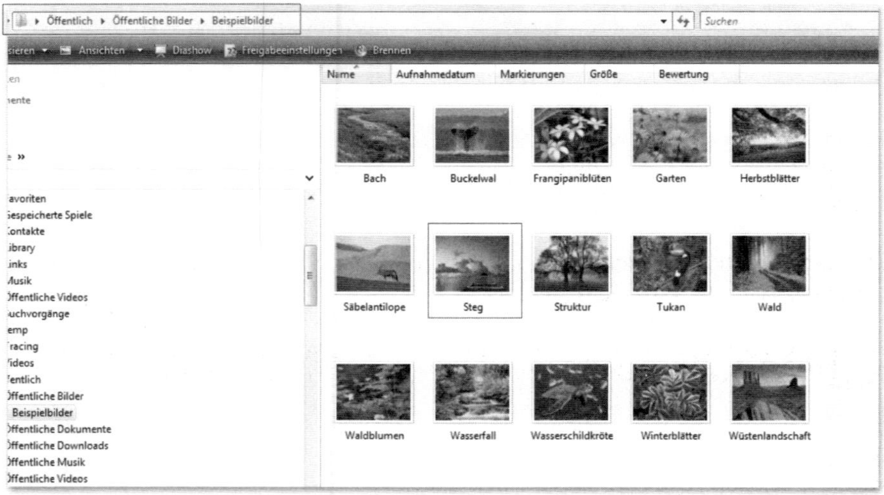

Bild 5.12: Windows-Beispielbilder

Wechseln Sie nun zum Menüpunkt *Seiten / Erstellen* oder *Artikel / Erstellen*, je nachdem, ob Sie eine Seite oder einen Artikel erstellen wollen. Klicken Sie auf das viereckige erste Symbol neben den Begriffen *Hochladen/Einfügen* (es erinnert etwas an einen Bilderrahmen; wenn Sie die Maus darüber bewegen, wird der Tooltip *Bild einfügen* angezeigt).

Bild 5.13: Die Schaltfläche für das Einfügen von Bildern

Im neuen Fenster *Mediadaten von deinem Computer hinzufügen* klicken Sie bitte auf die Schaltfläche *Dateien auswählen.*

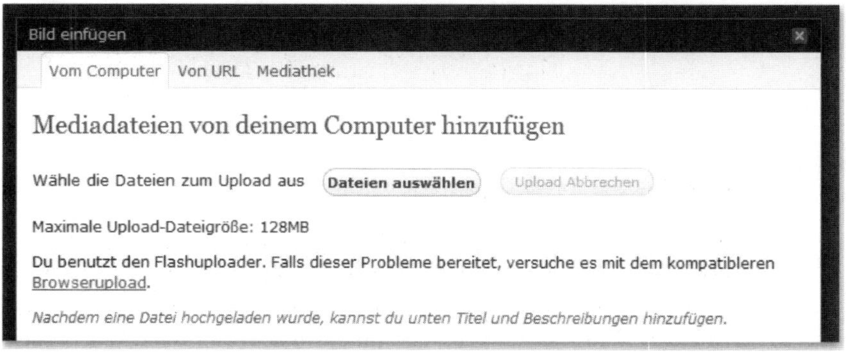

Bild 5.14: Dateien mit der Schaltfläche *Dateien auswählen* hochladen

Im neuen Fenster können Sie die zu ladende Datei auswählen und mit *Öffnen* den Upload-Vorgang starten. In meinem Beispiel ist es das Windows Beispielbild *Steg.* In Ihrem Fall kann es natürlich auch ein anderes sein.

Bild 5.15: Auswahl eines Windows-Beispielbilds

Anschließend werden die Dateien hochgeladen, verarbeitet und es wird ein Vorschaubild erstellt.

Die Schaltfläche *Bild bearbeiten* bietet grundlegende Möglichkeiten der Bildbearbeitung. Die Symbolleiste oberhalb des Bildes beinhaltet die Werkzeuge für *Zuschneiden, Bilder drehen, Horizontal* und *Vertikal kippen.* Auf der rechten Seite des Bildes können Sie mit der Funktion *Bild skalieren* die Größe des Bildes ändern. Dabei müssen Sie allerdings darauf achten, dass nach dem Skalieren das Bild nicht verschwommen aussieht, denn die Funktion vergrößert oder verkleinert das Bild nur und löst es nicht neu auf.

Bild 5.16: Bild bearbeiten

Ebenfalls eine hübsche Funktion ist die des *Bildausschnitts.* Um einen Bildausschnitt anstatt des ganzen Bildes einzufügen, klicken Sie mit der linken Maustaste auf das Bild und halten Sie diese gedrückt. Ziehen Sie die Maus einfach im Bild herum, so als wollten Sie einen Text markieren. Dadurch wird ein Bildausschnitt festgelegt, den Sie mit *Speichern* übernehmen können.

Bild 5.17: Die Funktion *Bildausschnitt*

Am Schluss klicken Sie bitte auf *Alle Änderungen speichern*, sonst werden keine Änderungen übernommen. Nach dem Hochladen lassen sich weitere Eigenschaften des Bildes festlegen. Zum Beispiel können Sie einen Dateititel oder eine Beschreibung dafür vergeben. Mein Bild könnte den Namen *Romantik am Steg* tragen. Weiter unten im Eigenschaftenfenster ist es möglich, die Ausrichtung sowie die Größe des Bildes zu editieren. Bei kleinen Bildern ist es mitunter recht praktisch, festzulegen, ob das Bild rechts oder linksbündig dargestellt werden soll. Darüber hinaus kann es sein, dass ein Bild in Originalgröße den Rahmen Ihres Bildschirms sprengt. Über die angebotenen Größenangaben in der Zeile *Größe* können Sie das Bild entsprechend anpassen.

Bild 5.18: Eigenschaften des Bilds festlegen

Testen Sie es einfach. Wählen Sie die Eigenschaft *Mittelgroß* und bestätigen Sie dies durch Drücken der Schaltfläche *In Artikel einfügen.* Das Bild wird wie festgelegt als 300 x 225 Bildpunkte großes Bild eingefügt.

Bild 5.19: Änderungen übernehmen

Nun die größere Variante: Wählen Sie das Bild in vollständiger Größe aus und bestätigen Sie dies mit der Schaltfläche *In Artikel einfügen.*

Bild 5.20: Ansicht des Bilds in Originalgröße

Etwas Besonderes ist die Funktion *Als Artikelbild nutzen.* Entscheiden Sie sich für diese Funktion, dann wird das ausgewählte Bild in dieser Seite bzw. in diesem Artikel als Kopfbild angezeigt.

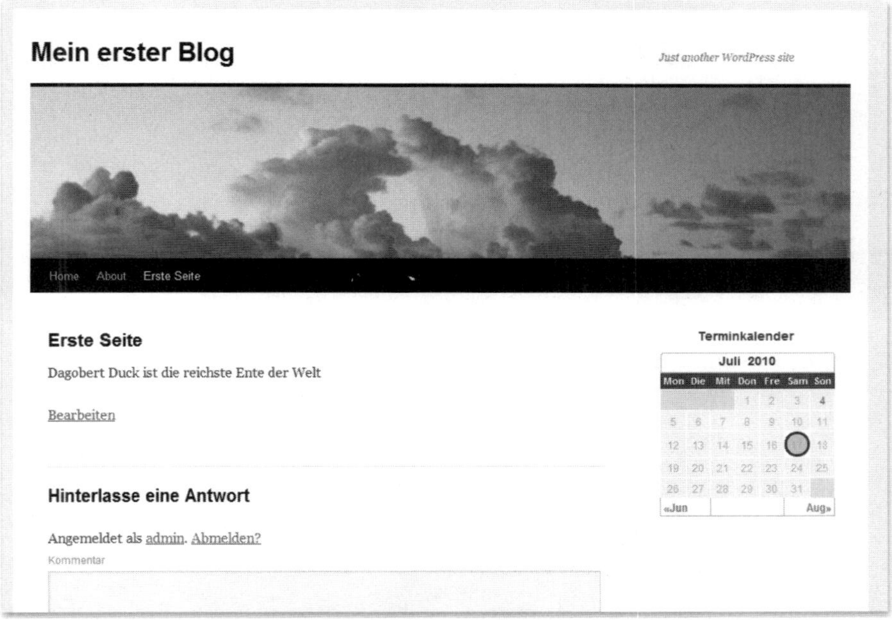

Bild 5.21: Das ausgewählte Bild als Artikelbild nutzen

6 Ein Fotoalbum erstellen

Sie können nicht nur einzelne Bilder in Ihre Website einfügen, sondern auch ganze Fotoalben anlegen und in eine Seite integrieren. Der beste Weg ist, ein passendes Plugin für ein Fotoalbum zu finden. Unter einem Plugin versteht man ein kleines Zusatzprogramm, das sich in WordPress integrieren lässt. Für unser Fotoalbum verwende ich das Plugin *WP Photo Album.* Ich habe mich für dieses Plugin entschieden, weil es relativ leicht eingerichtet werden kann.

Für die Installation des Fotoalbums benötigen Sie die komprimierte Datei *wp-photo-album.zip.* Sie finden sie auf der Seite *http://wordpress.org/extend/plugins/.*

Installiert wird das Plugin über das Menü *Plugins / Plugins Installieren / Hochladen.* Sie finden das *Plugins*-Menü (mit dem Stromstecker-Symbol) etwa in der Mitte der Menüleiste. Klicken Sie darauf und danach auf *Installieren.* (Dieser Menüpunkt wird durch Klick auf *Plugins* sichtbar).

Jetzt öffnet sich ein neues Fenster. Direkt unterhalb der Überschrift *Plugins installieren* finden Sie ein kleines Menü, das die Optionen *Suchen, Hochladen, Empfohlen, Populär* und noch einige weitere enthält. Uns interessiert hier nur der Link *Hochladen.* Klicken Sie darauf. Jetzt erscheint ein Eingabefeld mit einem *Durchsuchen*-Button und der Schaltfläche *Jetzt installieren.*

Wenn Sie auf den *Durchsuchen*-Button klicken, öffnet sich ein Auwahlmenü, mit dem Sie Ihre Festplatte auf die Plugin-Datei *wp-photo-album.zip* durchstöbern können. Klicken Sie auf das Dateisymbol, sobald Sie es gefunden haben, und danach auf den Button *Öffnen* im Auswahlmenü. Ist das geschehen, dann klicken Sie auf die Schaltfläche *Jetzt installieren.*

Die Installation des Plugins läuft automatisch ab. Sie müssen jetzt nur noch auf den Link *Aktiviere dieses Plugin* klicken. Damit ist das Fotoalbum-Plugin in WordPress integriert.

Die Installation von Plugins verläuft grundsätzlich immer auf die gleiche Weise. Im Verlauf dieses Buchs werden Sie noch einige weitere Plugins kennenlernen, mit denen Sie die Funktionsvielfalt von WordPress erweitern können.

Nach der Installation unseres Album-Plugins ist im Menü auf der linken Seite ein neuer Menüpunkt mit der Bezeichnung *Photos* hinzugekommen. Klicken Sie auf das Untermenü *Photos* und legen Sie unter *Create New Album* (das Plugin ist leider in Englisch) ein neues Album an.

Dazu müssen Sie einen Namen für das Album vergeben. Tragen Sie den Namen einfach in das Eingabefeld unter *Name* ein. Meinem Beispiel-Album habe ich den Namen *Meine Fotos* gegeben. Wenn Sie wollen, können Sie auch unter *Description* eine Beschreibung hinzufügen, z. B. *aktuelle Fotos*. Bestätigen Sie dies durch Drücken der Schaltfläche *Create Album*.

Bild 6.1: Ein Fotoalbum erstellen

Im nächsten Schritt klicken Sie auf das Untermenü *Upload Photos*.

Bild 6.2: Bilder-Upload

Wählen Sie eine Datei aus und danach die Schaltfläche *Öffnen*. Wiederholen Sie den Vorgang vier- oder fünfmal, damit wir einige Bilder für unser Album zur Auswahl haben. Wichtig: Pro Album können Sie jeweils maximal zehn Bilder hochladen. Wenn Sie also mehr als zehn Bilder auf Ihrer Webseite ausstellen möchten, dann legen Sie einfach ein weiteres Album an! Für dieses zweite Album müssen Sie allerdings einen anderen Namen vergeben.

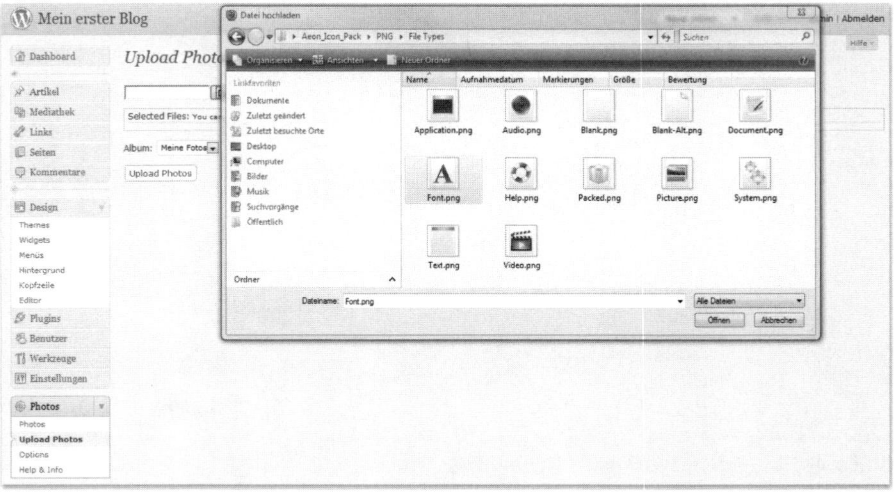

Bild 6.3: Datei auswählen

Legen Sie nun eine neue Seite an und geben Sie ihr einen Namen. Ich habe die Seite *Meine Fotos* getauft.

Im Textfeld, so schreibt es der Programmierer des Plugins vor, muss die Zeichenkette *%%wppa%%* eingefügt werden. Durch diese Zeichenkette (man spricht auch von einem String) wird der Inhalt des Fotoalbums in die Seite eingebunden.

Wenn Sie mehrere Alben angelegt haben, werden durch den String alle angelegten Alben in die Seite eingebunden. Sie brauchen *%%wppa%%* dazu nur einmal in das Textfeld einzutragen.

Sie können ein oder mehrere Alben auch in einen ganz normalen Artikel integrieren – dazu müssen Sie in den Artikel nur ebenfalls die Zeichenkette *%%wppa%%* eintragen. Doch Vorsicht: Nicht alles, was technisch geht, ist auch unbedingt sinnvoll. Da Blogeinträge immer nach ihrer Aktualität sortiert werden (der aktuellste Artikel steht immer oben), rutscht der Artikel mit dem eingebundenen Album mit der Zeit immer weiter nach unten und verschwindet vielleicht ganz von der Seite. Deswegen ist es empfehlenswert, für ein Fotoalbum (oder mehrere) eine eigene Seite anzulegen.

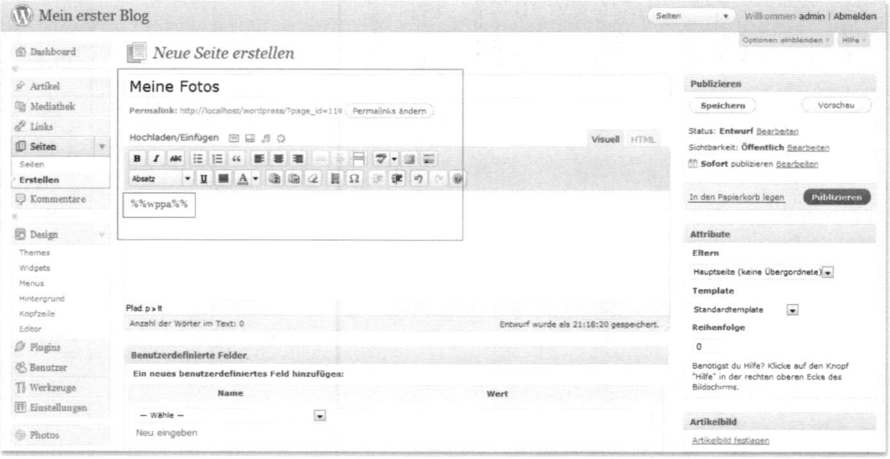

Bild 6.4: Einfügen des Strings *%%wppa%%*

Publizieren Sie die Seite oder sehen Sie sich die Vorschau an. Das Ergebnis sollte wie auf dem folgenden Bild aussehen. In die Webseite ist nun eine Art Banner eingebunden, das kleine Vorschaubilder (sogenannte Thumbnails) der Fotos zeigt, die in dem Album enthalten sind.

Bild 6.5: Das Fotoalbum auf der Webseite

Natürlich können Sie bzw. der Besucher durch Anklicken des Album-Titels *Meine Fotos* oder eines der Vorschaubilder in das eigentliche Album gelangen. Damit ist das Einrichten eines Albums für die Webseite abgeschlossen.

7 Ein Navigationsmenü aufbauen

Besucher sollen sich einfach durch die Seite klicken können, um an die Informationen zu kommen, die Sie bereitstellen. Eine unlogische Menüführung hält Besucher davon ab, längere Zeit auf der Webseite zu verweilen. In WordPress gibt es verschiedene Möglichkeiten, eine Navigation zu erstellen. Manche Themes (Gestaltungsvorlagen) erlauben es, Menüs zu erstellen. Das ist aber nicht ganz einfach und nicht bei allen Themes möglich. Die gute Nachricht: Man muss sich darauf nicht einlassen. Ein Menü lässt sich mit normalen WordPress-Bordmitteln erzeugen.

Grundsätzlich repräsentiert eine Seite gleichzeitig einen Menüpunkt. Wenn Sie eine Seite erstellen, taucht der Seitentitel automatisch als Menüpunkt auf. Das bedeutet: Um einen neuen Menüpunkt für die Navigation zu erstellen, muss eine Seite erstellt werden. Wechseln Sie daher über das seitliche Hauptmenü zum Menüpunkt *Seiten / Erstellen.* Sie kennen es vielleicht schon: Wenn Sie eine Option des Hauptmenüs anklicken, tauchen einige weitere bis dahin versteckte Menüpunkte auf. Klicken Sie also auf *Seiten,* dann öffnet sich der Menüpunkt *Erstellen.* Klicken Sie einfach diese beiden Optionen nacheinander an.

Erstellen Sie eine neue Seite und geben Sie ihr den Namen *Produkte.* Vielleicht wollen Sie WordPress ja dazu nutzen, über die Produkte Ihrer Firma zu informieren. Speichern Sie die Seite ab, indem Sie auf der rechten Seite auf *Publizieren* klicken.

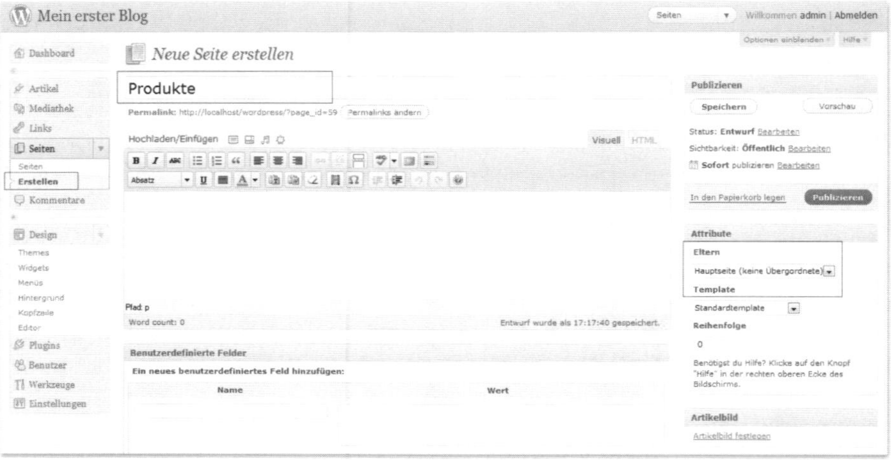

Bild 7.1: Eine neue Seite namens *Produkte* erstellen

Das Ergebnis sieht in etwa so wie auf dem folgenden Bild aus. Der Navigationsleiste wurde ein zusätzlicher Menüpunkt *Produkte* hinzugefügt.

Bild 7.2: Neuer Menüpunkt *Produkte* in der Navigationsleiste

Gehen wir einen Schritt weiter. Zusätzliche Menüpunkte werden über das Erstellen neuer Seiten angelegt. Auf demselben Weg lassen sich auch Unterpunkte der Menüpunkte anlegen und sogar ineinander verschachteln. Hier ein Beispiel:

Erstellen Sie eine Seite mit der Bezeichnung *Produkt A.* Bevor Sie sie speichern, wählen Sie auf der rechten Seite im Bereich *Attribute* im Menü *Eltern* den Eintrag *Produkte* aus. Das bedeutet, die neue Seite *Produkt A* ist dem Eltern-Menüpunkt *Produkte* zugeordnet. Erstellen Sie auf die gleiche Weise einen Unterpunkt mit der Bezeichnung *Produkt B.* Publizieren Sie die Konfiguration und überprüfen Sie das Ergebnis, indem Sie auf die Schaltfläche *Seite ansehen* klicken.

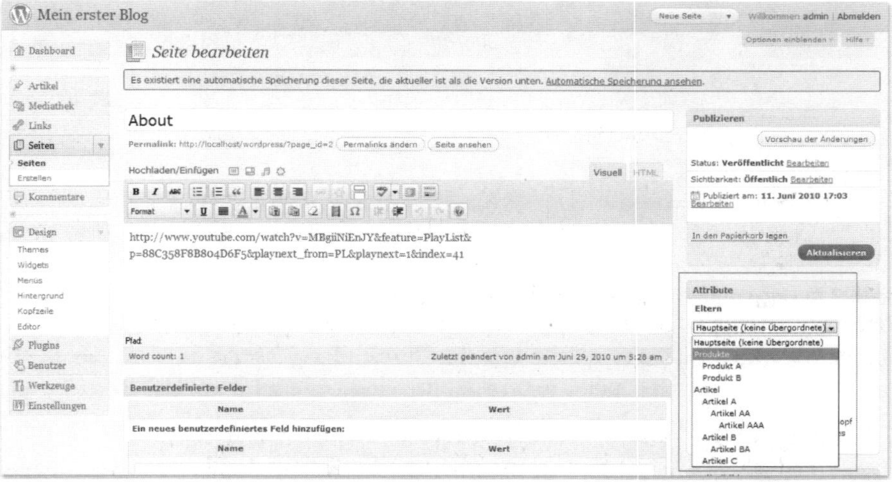

Bild 7.3: Auswählen des Eltern-Attributs

Das Ergebnis unserer Bemühungen sollte wie in der folgenden Abbildung aussehen.

Bild 7.4: Unterpunkte des Menüpunktes *Produkte*

Legen Sie nun eine weitere Seite mit der Bezeichnung *Artikel* an. Um das Menü noch weiter zu verschachteln, legen Sie bitte eine Unterseite mit der Bezeichnung *Artikel A* an. Der Eltern-Menüpunkt ist *Artikel* und der Unterpunkt *Artikel A*.

Legen Sie erneut eine neue Seite namens *Artikel AA* an und wählen Sie diesmal nicht das Eltern-Attribut *Artikel*, sondern *Artikel A* aus.

Legen Sie dann eine neue Seite mit der Bezeichnung *Artikel AAA* an und bestimmen Sie als Eltern-Attribute diesmal *Artikel AA*. Publizieren Sie dies. Das Ergebnis müsste wie folgt aussehen:

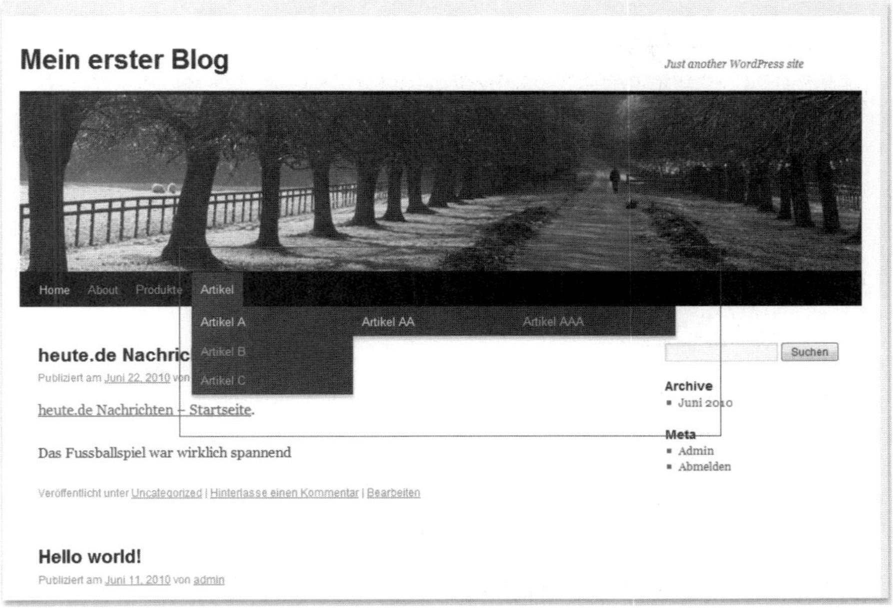

Bild 7.5: Menüverschachtelungen

Wechseln Sie zum Menüpunkt *Seiten*. In diesem Bereich ist aufgelistet, welchem Menüpunkt welcher Unterpunkt zugeordnet ist. Gleichzeitig ist dieses Menü auch der Seitenbaum – Sie sehen, welche Seite in welche Unterseiten verzweigt.

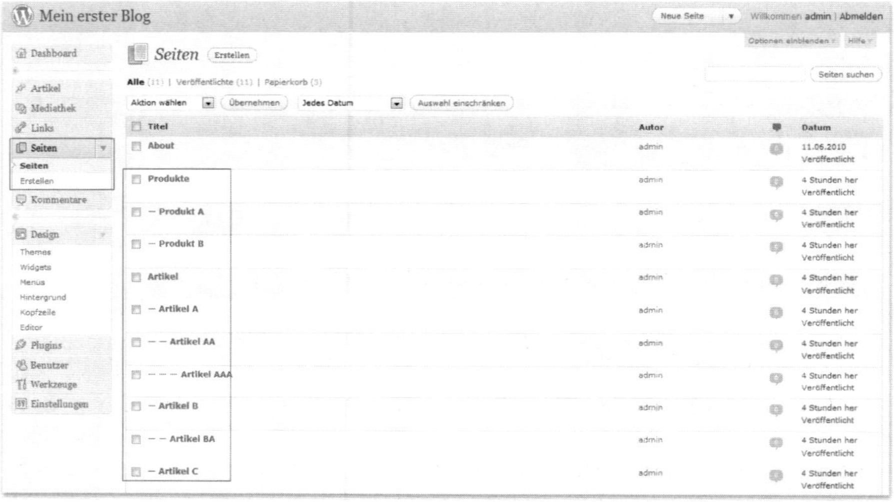

Bild 7.6: Seitenansicht der Menü- und Untermenüpunkte

Sie können die Abhängigkeiten jeder Seite auch verändern. Wenn aus Ihrer Sicht eine andere Menüstruktur sinnvoller ist, müssen Sie einfach die entsprechenden Eltern-Attribute verändern. Wenn Sie im Menü *Seiten* in der Liste den Eintrag *Artikel AAA* mit der Maus anfahren, leuchtet die Option *Bearbeiten* auf. Klicken Sie darauf. Sie befinden sich jetzt im Menü *Seite bearbeiten*, das Sie ja schon kennen. In der rechten Hälfte der Seite finden Sie das *Attribute*-Fenster. Wenn Sie jetzt unter *Eltern* eine andere Elternseite – etwa *Produkte* – wählen und weiter oben im *Publizieren*-Fenster auf *Aktualisieren* klicken, dann wird die Seite *Artikel AAA* dieser neuen Elternseite zugeordnet. Entsprechend verändert sich auch das Navigationsmenü!

8 Ein neues WordPress-Theme installieren

Themes sind Gestaltungsvorlagen für WordPress-Webseiten. Content-Management-Systeme wie WordPress zeichnen sich dadurch aus, dass der Textinhalt getrennt von der optischen Gestaltung verwaltet wird. Wie Sie schon gesehen haben, können Sie praktisch nach Lust und Laune neue Beiträge erstellen und damit den Inhalt Ihrer Website aktuell halten. Die Optik der Seite verändert sich dabei nicht. Sie können das Erscheinungsbild der Webseite aber durch die Wahl eines anderen Themes grundlegend ändern. Das ist quasi so, als wenn Sie Ihrer Webseite einen Tapetenwechsel verordneten. In WordPress lassen sich auf sehr einfache Weise andere Layouts einfügen. Separat davon sind die Farben der Schrift und die Schriftart formatierbar. Wenn man zum ersten Mal eine Webseite mit WordPress gestaltet, ist es sehr praktisch, auf eine bereits existierende Vorlage zurückzugreifen.

An dieser Stelle ist eine kleine Begriffsklärung notwendig. Die Begriffe »Theme« und »Template« werden häufig praktisch gleichbedeutend benutzt. Das rührt daher, dass andere Content-Management-Systeme wie etwa Joomla! oder TYPO3 die komplette Gestaltungsvorlage als Template bezeichnen. Bei WordPress müssen wir jedoch zwischen Templates und Themes unterscheiden. Ein Theme umfasst das gesamte Design einer WordPress-Seite mit allen Farben, Bildern, Schriftarten und grafischen Elementen. Ein Template enthält dagegen nur die Gestaltungsvorlagen für einen bestimmten Seitenbereich wie zum Beispiel die Seitenleiste, den Seitenkopf oder den Fußbereich. Ein WordPress-Theme kann also aus mehreren Templates bestehen, die jedes für sich das Erscheinungsbild eines Seitenbereichs festlegen. Wenn Sie also ein komplettes Seitendesign austauschen möchten, haben Sie es mit einem Theme zu tun.

Die Bezeichnung Theme (zu deutsch »Thema«) hat durchaus einen Sinn. Es geht ja letztlich darum, das Thema, um das es der Webseite geht, optisch und farblich umzusetzen. So ist leicht einzusehen, dass ein Immobilienmakler einen anderen visuellen Auftritt für seine Webseite bevorzugt als etwa ein Maler, der seine Werke möglichst farbenfroh und künstlerisch im Internet präsentieren will. Der Makler würde sich eher für ein schlichtes, aber informatives Thema entscheiden. Der Maler hingegen würde wohl eher ein buntes und kreatives Thema bevorzugen. Daher rührt die Bezeichnung Theme.

Eine Fülle kostenloser WordPress-Themes lässt sich direkt in WordPress suchen und finden. Das Standard-Theme trägt den Namen *Twenty Ten 1.0* und wird automatisch als erstes Theme festgelegt. Sie werden sehen, es ist leichter, ein neues Theme zu installieren (und Ihrer Website damit ein völlig neues Gesicht zu geben), als Sie vielleicht denken. Wie sich ein neues Theme in unsere Webseite einfügen lässt, will ich in diesem Kapitel beschreiben. Führen Sie dazu die nachfolgend geschilderten Schritte aus.

Bild 8.1: Standard-Theme einer WordPress-Installation

Falls Sie noch nicht im Verwaltungsbereich (Dashboard) der Webseite eingeloggt sind, sondern sich abgemeldet auf der Startseite der Webseite befinden, loggen Sie sich bitte ein. Anmelden können Sie sich entweder über die Webseite direkt, indem Sie unten rechts auf *Admin* klicken und dort Benutzernamen und Passwort eingeben, oder über die Eingabe der Webadresse, die bei unserer lokalen Installation *http://localhost/wordpress/wp-admin* lautet. Dort müssen Sie ebenfalls Ihre Zugangsdaten eingeben.

Bild 8.2: Anmeldebereich auf der Webseite

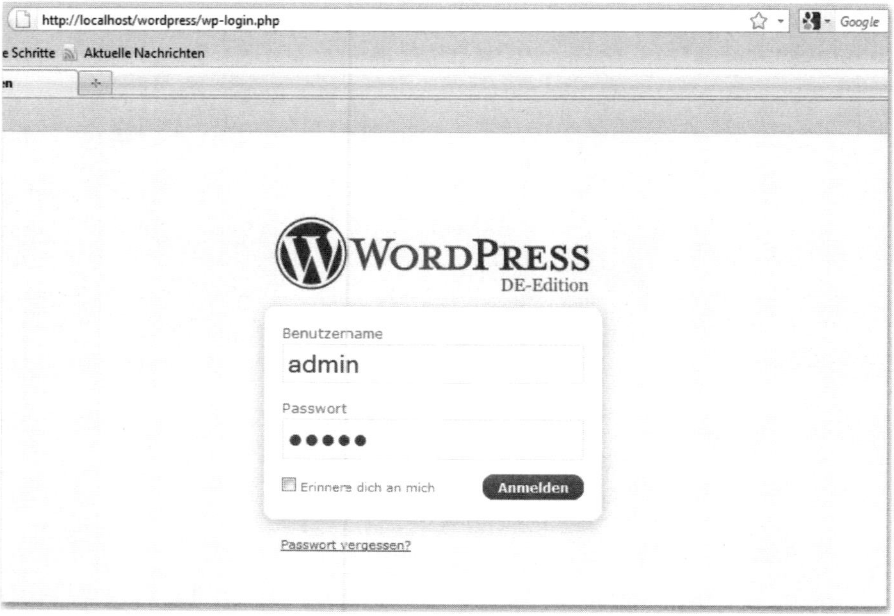

Bild 8.3: Anmeldebereich über *localhost*

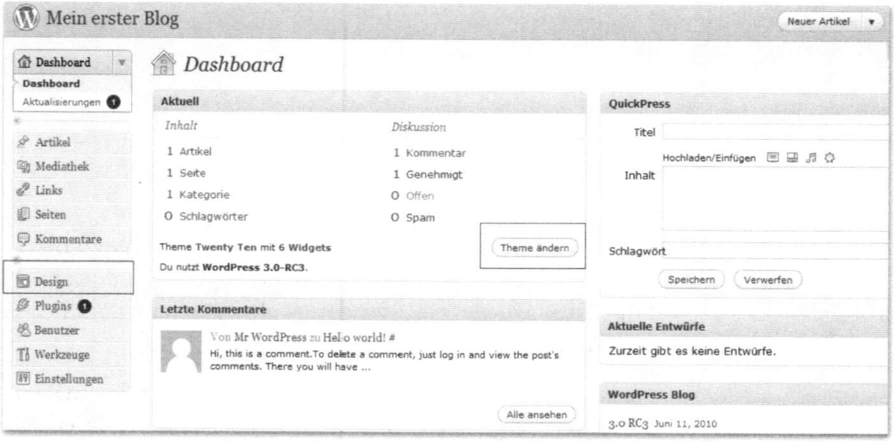

Bild 8.4: Dashboard-Übersicht

In der Dashboard-Ansicht, das ist der Admin- bzw. Verwaltungsbereich der WordPress-Webseite, können wir nun Schritt für Schritt ein neues Theme installieren. Beginnen wir mit dem ersten Schritt.

▶ Schritt 1.)

Klicken Sie bitte auf der linken Seite auf die Schaltfläche *Design* und danach auf den nun sichtbaren Menüpunkt *Themes.* Im rechten Bereich öffnet sich die Sektion *Themes verwalten.* Hier wird das aktuelle Theme bzw. die aktuelle Ansicht unserer Webseite in Miniatur angezeigt. Neben dem oberen Karteikartenreiter *Themes verwalten* ist daneben etwas blass der Karteikartenreiter *Themes installieren* zu sehen. Klicken Sie bitte auf diese Option.

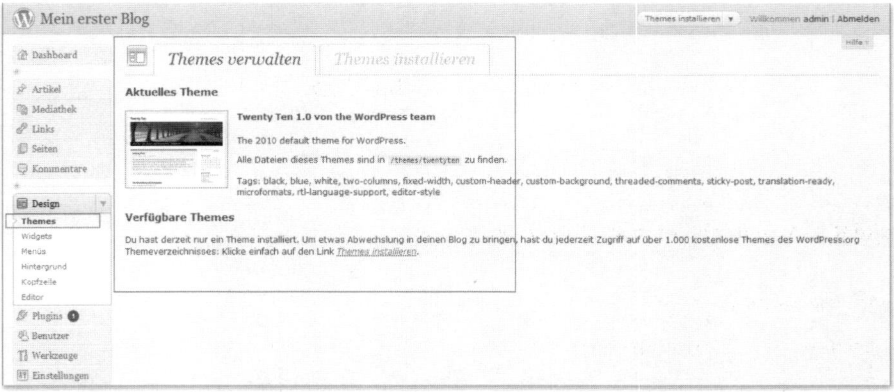

Bild 8.5: Menüleiste und Verwaltungsbereich für Themes

▶ Schritt 2.)

Durch einen Klick auf *Themes installieren* werden alle Installations-Optionen abgebildet, die nötig sind, um ein neues Theme zu installieren. Die komfortabelste Möglichkeit, nämlich die automatisierte Suche im Web nach einem schönen Template, werde ich hier beschreiben.

Wenn Sie schon eine gewisse Vorstellung von Ihrem gewünschten WordPress-Theme haben, dann können Sie einige Filter einsetzen, um die Suche zu verfeinern. Wenn Ihre Webseite beispielsweise überwiegend blau gehalten sein soll, können Sie per Mausklick einen Haken in das Kästchen *Blau* setzen, und WordPress wird nach blauen Templates suchen.

Sie können jedoch nicht nur nach Farben suchen, sondern auch nach bestimmten Layouttypen (Anzahl der Spalten), Funktionen sowie nach Suchbegriffen filtern. Für den ersten Versuch empfehle ich, jede Filtermöglichkeit (*Nach Funktionen filtern*) leer zu lassen und einfach auf den Button *Themes finden* zu drücken. Dadurch werden restlos alle Themes angezeigt, und Sie können aus einer wirklich großen Anzahl von kostenlosen Themes wählen. Sie werden erstaunt sein, wie viele tolle Themes gefunden werden.

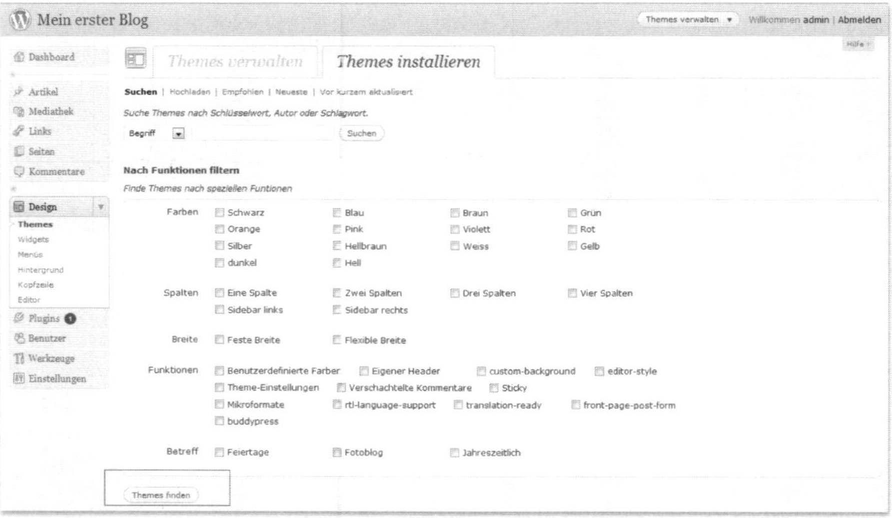

Bild 8.6: Theme-Suche im Internet

Andererseits können Sie mehrere Filteroptionen miteinander kombinieren. Sie können zum Beispiel unter *Farben* die Option *Blau* und unter *Spalten* die Variante *Drei Spalten* markieren. So erhalten Sie eine Auswahl aller Themes, die blau und in drei Spalten gegliedert sind. Die Auswahl der Themes, die beide Merkmale erfüllen, ist natürlich geringer, als wenn Sie keine Filteroption einstellen.

▶ Schritt 3.)

Die Suchergebnisse sprechen für sich. Auf über 100 Seiten kann man wählen, welches Thema für den eigenen Blog bzw. die Webseite geeignet ist.

Wählen Sie hier bitte das Theme *ChocoTheme*, sofern Sie es angezeigt bekommen. Wenn Sie dieses Theme nicht gleich finden, geben Sie einfach unter *Themes installieren* den Ausdruck *ChocoTheme* in das Suchfeld ein und klicken auf *Suchen.*

Wenn Sie die Voransicht dieses Themes sehen, klicken Sie bitte auf den Begriff bzw. Link *Jetzt installieren.*

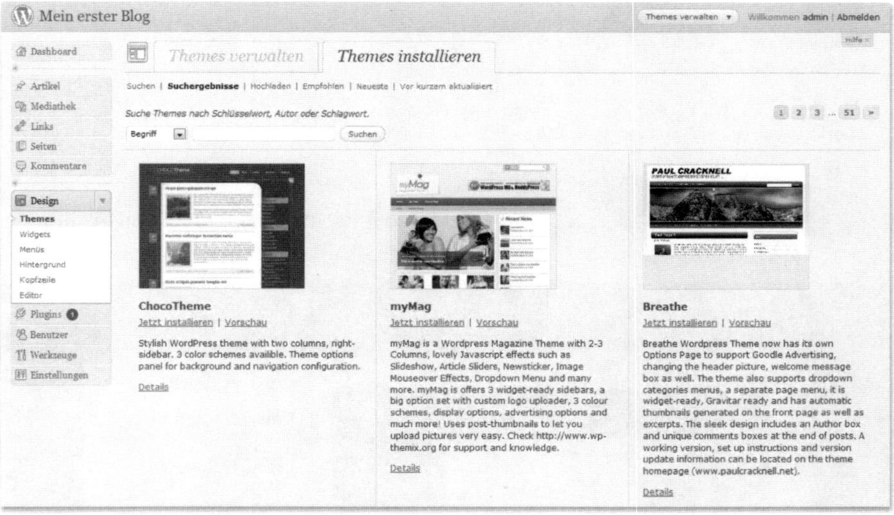

Bild 8.7: Suchergebnisse der Theme-Suche

Sie werden nach dem Klick auf *Jetzt installieren* in einem neuen Fenster nochmals aufgefordert, auf *Jetzt installieren* zu klicken. Tun Sie das bitte!

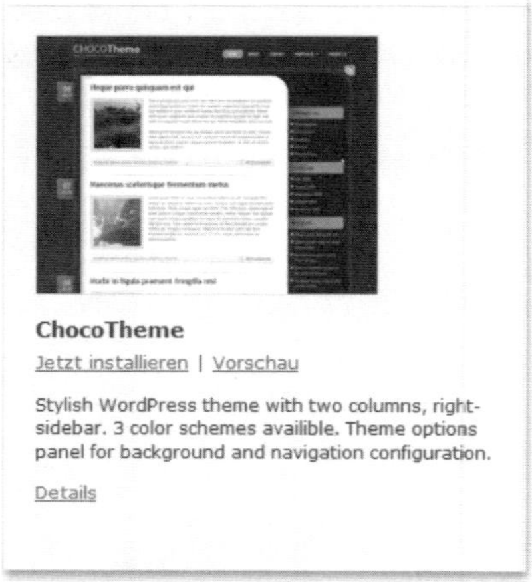

Bild 8.8: Ansichts- und Installations-Optionen

Bild 8.9: Installationsfenster

WordPress installiert vollautomatisch das neue Theme. Wenn alles reibungslos klappt, werden die einzelnen Installationsschritte im Fenster angezeigt. Das alles dauert nur einige Sekunden. Wenn die Meldung *Das Theme ChocoTheme 0.10 wurde erfolgreich installiert* erscheint, klicken Sie bitte auf den darunter stehenden Link *Aktivieren.*

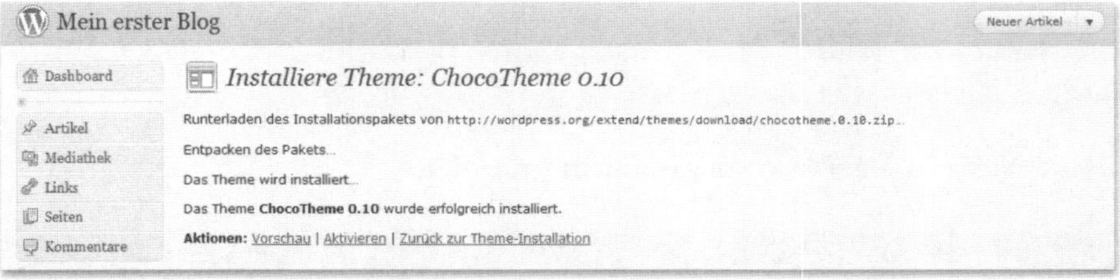

Bild 8.10: Aktivieren des neuen Themes

Damit haben Sie das Theme ChocoTheme zum Theme Ihrer Website gemacht. Klicken Sie jetzt bitte oben links auf *Mein erster Blog …*

Bild 8.11: Ansicht des aktivierten neuen Themes im Dashboard

… und das Ergebnis ist …

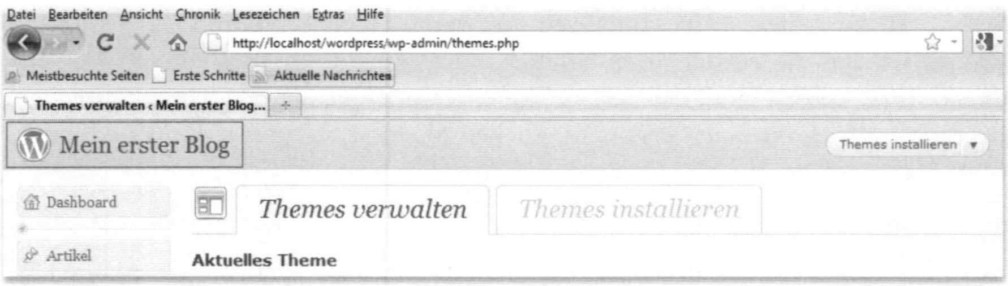

Bild 8.12: Die Webseite anzeigen lassen

... die Webseite *Mein erster Blog* in einem neuen Look.

Bild 8.13: Neue Ansicht der Webseite

In WordPress lassen sich nicht nur Themes derart einfach einbinden. Es gibt auch jede Menge kostenlose Programme, Plugins genannt, die ebenso simpel einzubinden sind. Aber dazu mehr im nächsten Kapitel.

9 Plugins bequem installieren

WordPress bietet eine sehr große Auswahl an Erweiterungen. Welche dieser sogenannten Plugins Sie installieren, hängt davon ab, welche Aufgabe Ihre WordPress-Installation übernehmen soll. Wenn Sie Events anbieten wollen, ist es sinnvoll, einen Veranstaltungskalender als Plugin einzubauen. Wollen Sie hingegen Bilder, Fotos und andere digitale Produkte (sei es privat oder kommerziell) auf der Webseite platzieren, würde es sich anbieten, Galerien einzusetzen. Es gibt also viele Einsatzmöglichkeiten, und für fast alle sind Plugins verfügbar. Das ist einer der Gründe, warum WordPress immer beliebter wird.

Wenn Sie Plugins suchen, sollten die Webseiten *http://wordpress.org/extend/plugins/* und *http://wp-plugin-archive.de/* Ihre erste Anlaufstelle sein. Dort werden sehr viele Plugins angeboten, die außerdem noch sehr gut sortiert sind.

Wir haben bereits ein Plugin als komprimierte Datei in unsere Website importiert. Es gibt aber noch eine andere Möglichkeit, die ich Ihnen nicht vorenthalten will. Klicken Sie im Hauptmenü auf den Menüpunkt *Plugins*. Dann öffnet sich die Option *Installieren*. Im Hauptfenster finden Sie nun neben der Überschrift *Plugins* eine Schaltfläche, die mit *Installieren* beschriftet ist. Klicken Sie die Schaltfläche an.

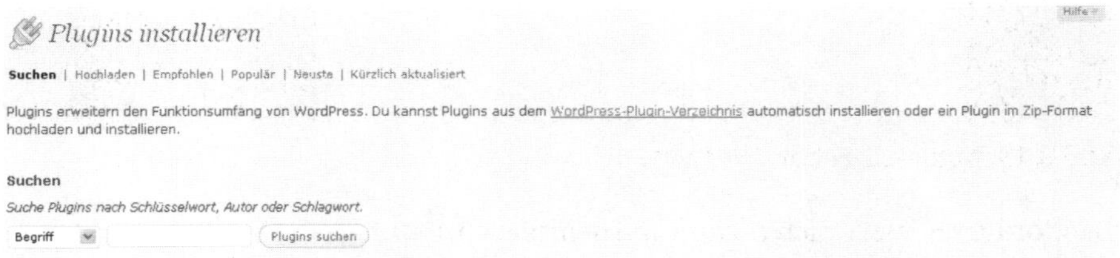

Bild 9.1: Das Fenster *Plugins installieren*

Auf dieser Seite steht etwa mittig der Begriff *Suchen*, darunter befindet sich ein Suchfeld. Geben Sie dort einmal *Wetter* bzw. *Weather* ein und klicken Sie dann auf die Schaltfläche *Plugins suchen*. Das Ergebnis ist eine Liste aller möglichen Ergänzungen zum Thema Wetter. Wenn Sie die einzelnen Suchergebnisse betrachten, können Sie aus diesem Fenster heraus auch gleich auf *Jetzt installieren* klicken. Das gewählte Plugin wird automatisch installiert.

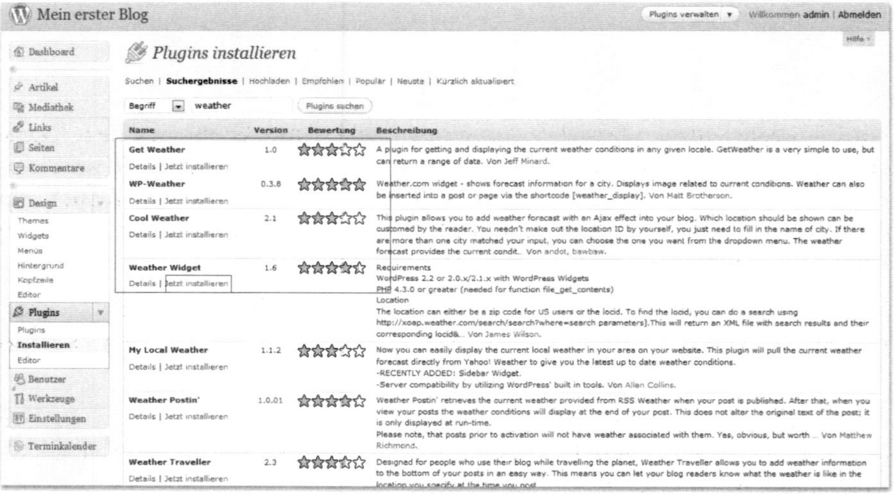

Bild 9.2: Suchergebnisse für Plugins

10 Ein Gästebuch installieren

Ein Gästebuch lädt die Besucher der Webseite ein, einen Gruß, eine kleine Zeile oder auch mehr in das Gästebuch zu schreiben. Dadurch wird eine Webseite aufgewertet, denn so wird ein Dialog mit den Besuchern möglich. Falls die Besucher in ihren Gästebuch-Einträgen Lob und Kritik für die Seite äußern, erhalten Sie zudem völlig kostenlose Verbesserungsvorschläge.

Es gibt einige Plugins für WordPress, mit denen sich Gästebucher realisieren lassen. Ich möchte hier ein gutes und einfaches Gästebuch vorstellen. Als Gästebuch verwende ich das Plugin *Guestbook Generator.*

Ein Plugin in WordPress zu integrieren ist sehr einfach. Plugins werden einfach über das Menü *Plugins* installiert. Natürlich brauchen wir zunächst das Plugin als Datei. Laden Sie das Plugin von der Webseite

http://wordpress.org/extend/plugins oder

http://wordpress.org/extend/plugins/guestbook-generator

auf Ihren Rechner.

Fangen wir mit dem Download des Plugins an.

Wenn Sie das Plugin von der Seite *http://wordpress.org/extend/plugins/guestbook-generator* herunterladen, klicken Sie einfach auf den roten *Download*-Button und speichern Sie die Datei *guestbook-generator.08.zip* z. B. auf Ihrem Desktop. Sie können natürlich jedes andere Verzeichnis zum Abspeichern wählen. Es ist jedoch zu empfehlen, die Datei auf dem Desktop zu speichern, denn so müssen Sie später nicht lange danach suchen.

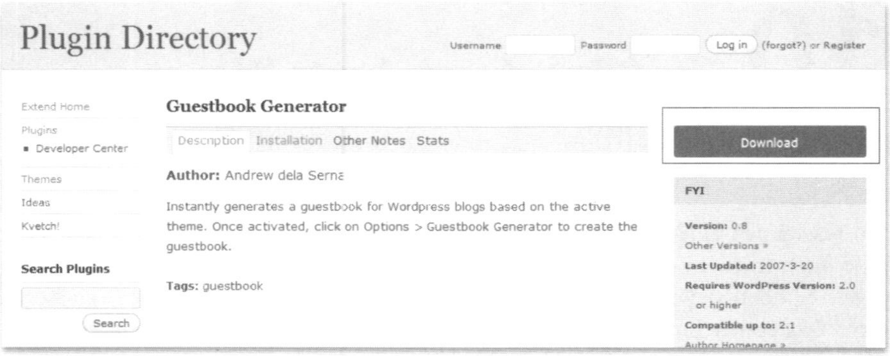

Bild 10.1: Auf dieser Webseite (http://wordpress.org) finden Sie das Gästebuch-Plugin.

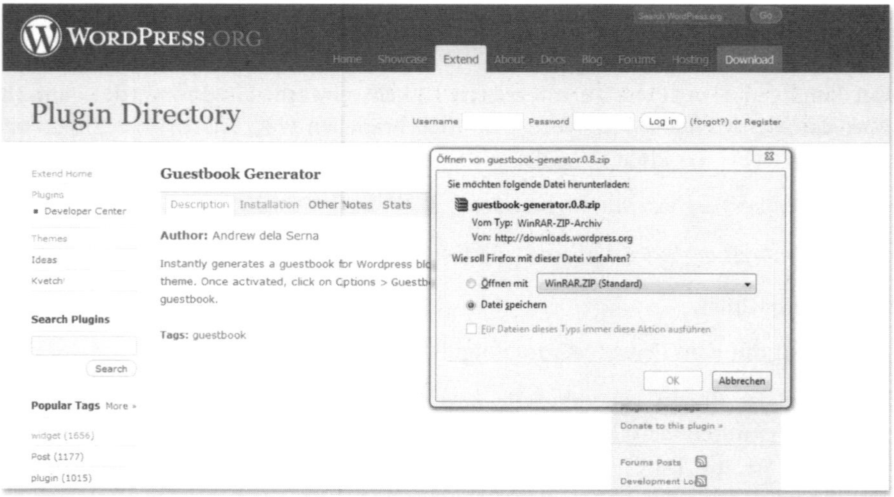

Bild 10.2: Speichern Sie das Plugin einfach auf Ihrem Rechner ab.

Wechseln Sie jetzt wieder ins WordPress-Dashboard. Klicken Sie im Hauptmenü auf *Plugins* und wählen Sie die Option *Installieren.* Im sich nun öffnenden Fenster klicken Sie oben auf *Hochladen.*

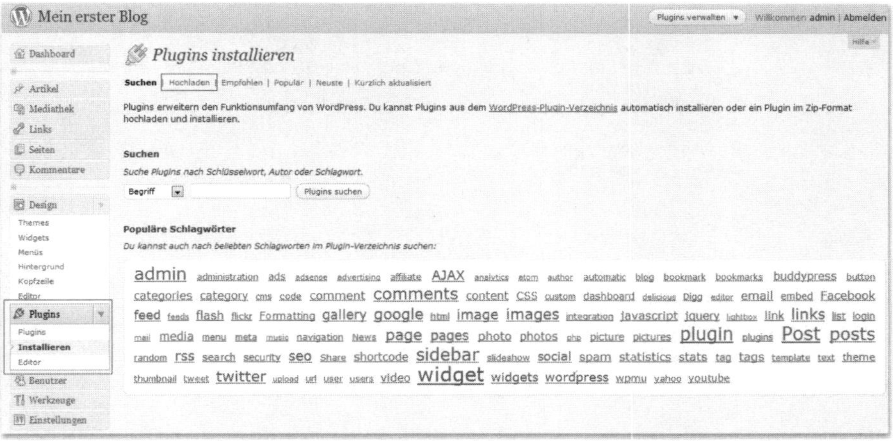

Bild 10.3: Per Klick auf *Hochladen* können Sie das Gästebuch installieren.

Wählen Sie die heruntergeladene Datei *guestbook-generator.08.zip* auf dem Desktop aus und klicken Sie auf *Öffnen.*

Bild 10.4: Wählen Sie das Gästebuch-Plugin zum Hochladen aus.

Das Plugin wird installiert. Klicken Sie danach auf *Aktiviere dieses Plugin.*

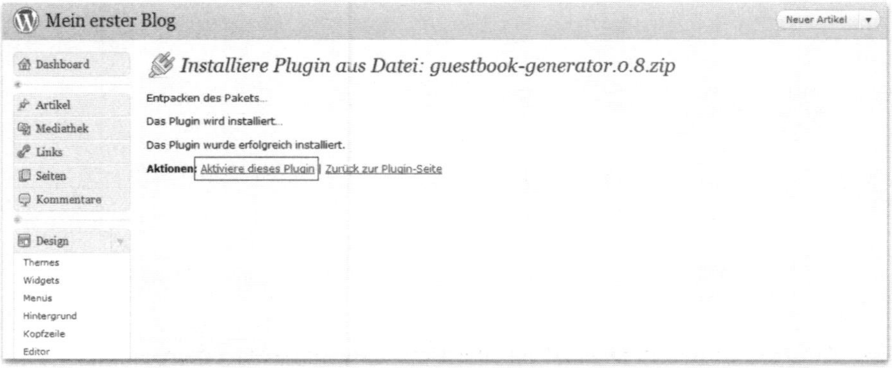

Bild 10.5: Nach der Installation wird das Gästebuch durch Klick aktiviert.

Das installierte Plugin ist nun aktiviert in der Plugin-Übersicht zu sehen.

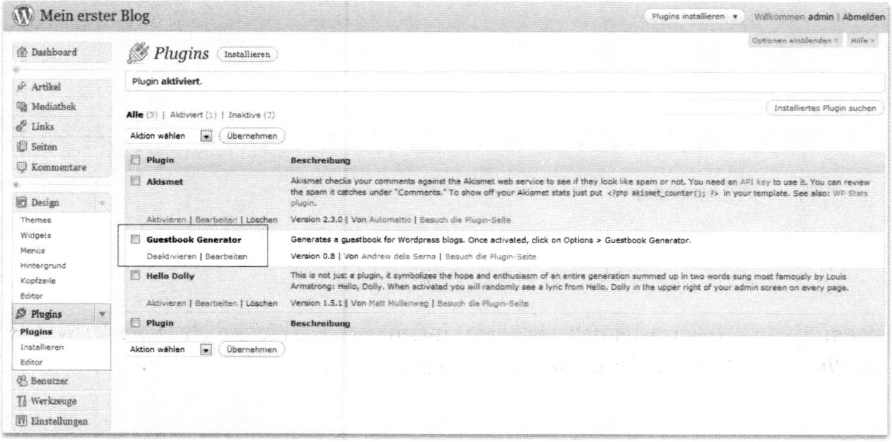

Bild 10.6: Die Plugin-Übersicht zeigt nun den *Guestbook Generator* an.

Die Installation des Plugins hat nun im *Einstellungen*-Menü einen zusätzlichen Menüpunkt namens *Guestbook Generator* angelegt. Über diesen kann das Gästebuch bearbeitet werden.

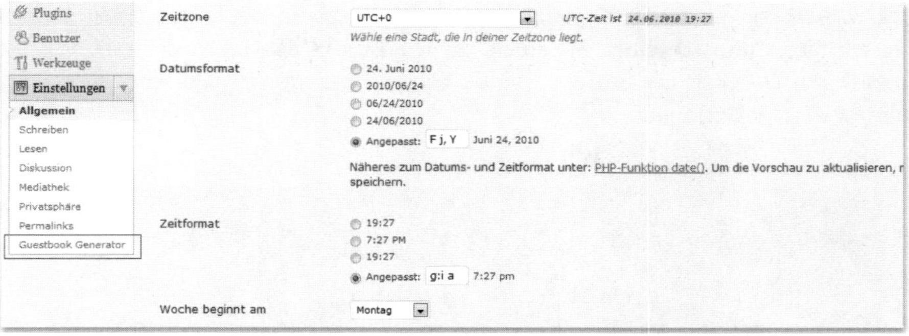

Bild 10.7: Über diesen Menüpunkt wird das Gästebuch erstellt und bearbeitet.

Klicken Sie bitte auf den Menüpunkt *Guestbook Generator*. Im nächsten Schritt können wir ein Gästebuch erzeugen. Mit einem Klick auf die Schaltfläche *Gästebuch generieren* wird automatisch ein Gästebuch angelegt.

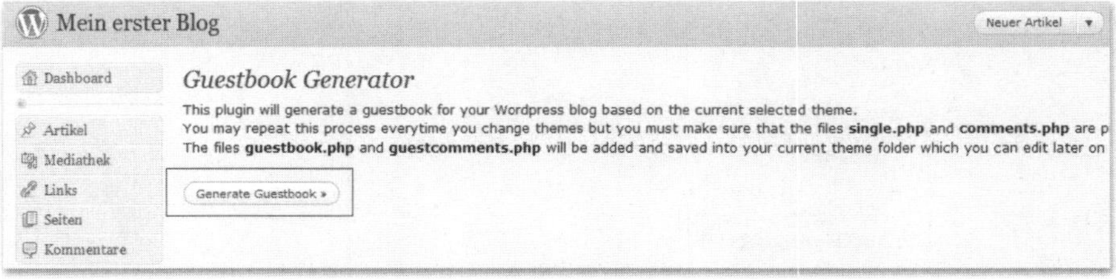

Bild 10.8: Per Klick wird ein Gästebuch erzeugt.

Lassen Sie sich das Gästebuch anzeigen, indem Sie auf die Schaltfläche *View your Guestbook* (zu deutsch: Ihr Gästebuch einsehen) klicken.

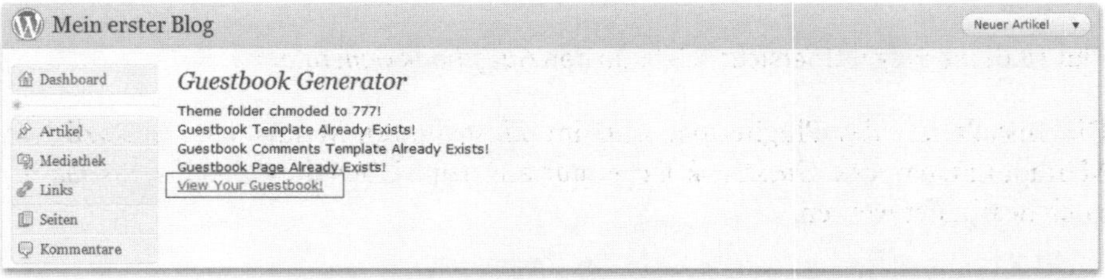

Bild 10.9: Durch Klick können Sie Ihr Gästebuch einsehen.

Das Gästebuch ist fertig eingerichtet und im Frontend der Webseite zu sehen. Testen Sie es und schreiben Sie einen kleinen Text in das Textfeld. Bestätigen Sie dies durch Drücken des Buttons *Submit Guestbook Entry* (zu deutsch: Gästebucheintrag abschicken).

Bild 10.10: Unser erster Testeintrag in das Gästebuch.

Der Testeintrag lautet *Hallo liebes Gästebuch* und wurde geschrieben von *admin.* Admin ist der eingeloggte Benutzer. Das sind in diesem Falle Sie, weil Sie ja in WordPress eingeloggt sind und die Administratorrolle innehaben. Wenn ein Besucher einen Eintrag hinterlässt, steht hier natürlich ein anderer Name.

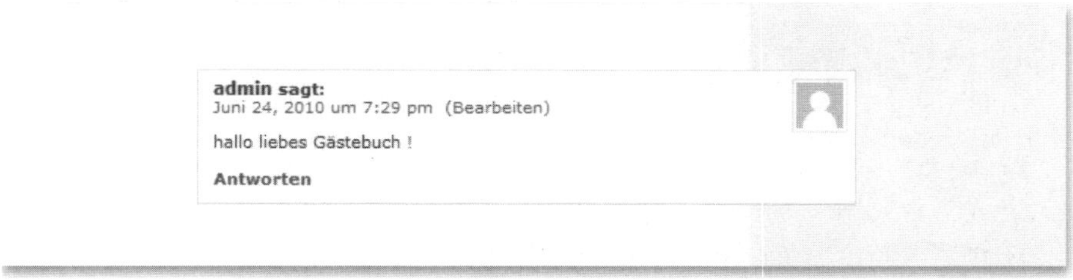

Bild 10.11: So sieht der Eintrag ins Gästebuch aus.

Das Gästebuch ist auf unserer WordPress-Seite über das rechte Menü über den Menüpunkt *Page/Guestbook* zu erreichen. Sie können das Gästebuch aber auch an einer anderen Stelle im Menü positionieren.

Mein erster Blog
Just another WordPress site
heute.de Nachrichten - Startseite
Juni 22nd, 2010
heute.de Nachrichten – Startseite.
Das Fussballspiel war wirklich spannend
Posted in Uncategorized | Edit | No Comments »
Hello world!
Juni 11th, 2010
Welcome to WordPress. This is your first post. Edit or delete it, then start blogging!
Posted in Uncategorized | Edit | 1 Comment »
Suchen
Pages
About
Guestbook
Archives
Juni 2010
Categories
Uncategorized (2)
Blogroll
Documentation
Plugins
Suggest Ideas
Support Forum
Themes
WordPress Blog
WordPress Planet
Meta
Admin
Abmelden
Valid XHTML
XFN
WordPress
Mein erster Blog is proudly powered by WordPress
Entries (RSS) and Comments (RSS).

Bild 10.12: Der Gästebuch-Menüpunkt im Frontend

11 Ein Wetterwidget installieren

Es gibt einige Wettermodule für die Anzeige von Wetterdaten auf einer WordPress-Webseite. Die Verwendung einer Wettervorhersage und -anzeige liefert einen schönen Nutzwert und wertet unsere Webseite auf.

Das Problem bei Wettermodulen für WordPress ist, dass sie meist nicht einfach zu installieren sind. Oft werden zusätzliche Dateien benötigt, deren Einbindung für Neulinge eine Hürde darstellen kann. Aber es gibt ein Modul, das sehr einfach zu handhaben ist und nebenbei auch gut aussieht: Das Modul *wp-google-weather.0.4.zip* ist eine sehr leicht zu bedienende und extrem flexible Lösung, um die aktuellen Wetterdaten einer Ortschaft auf der Webseite anzeigen zu lassen. Sie können das Plugin von der Webadresse *http://wordpress.org/extend/plugins/wp-google-weather/* herunterladen. Und so geht's:

Wählen Sie im WordPress-Dashboard den Menüpunkt *Plugins / Installation* aus. Drücken Sie die Schaltfläche *Installieren.*

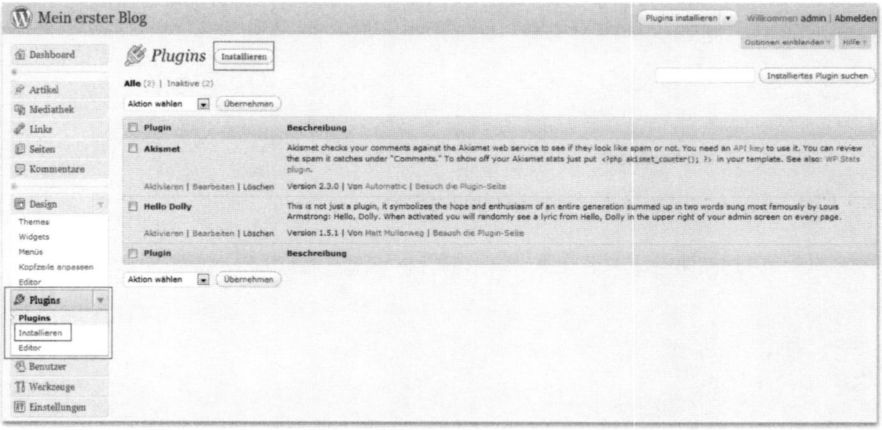

Bild 11.1: Das *Plugins*-Menü im WordPress-Dashboard

Es erscheint ein neues Fenster. Wählen Sie hier den Menüpunkt *Hochladen*, er steht direkt unter der Überschrift *Plugins installieren.* Über die Schaltfläche *Durchsuchen* kann der Ort ausgewählt werden, an dem das Plugin gespeichert ist.

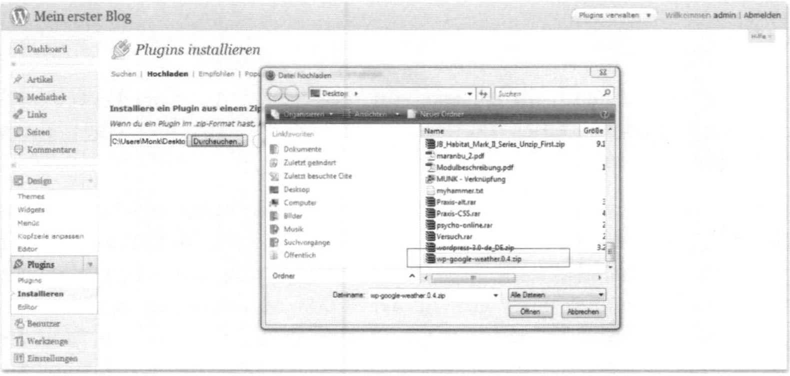

Bild 11.2: Das Plugin auf dem Computer auswählen

Nach dem Download der Datei wählen Sie das Plugin *wp-google-weather.0.4.zip* auf Ihrem Computer aus und drücken die Schaltfläche *Öffnen.* Bestätigen Sie die Auswahl mit einem Klick auf *Installieren.*

Das Plugin wird installiert. Nach der Installation aktivieren Sie das Wetter-Plugin, indem Sie auf die Schaltfläche *Aktiviere dieses Plugin* klicken.

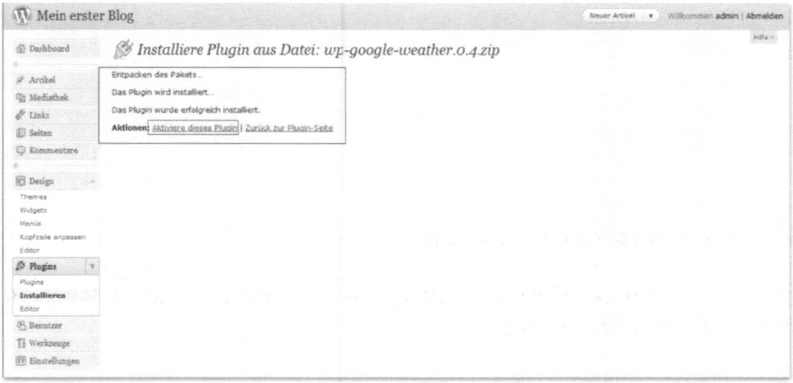

Bild 11.3: Durch Mausklick aktivieren Sie das Wetter-Plugin.

In der Plugin-Übersicht ist ein neuer Eintrag mit der Bezeichnung *WP Google Weather* zu sehen. Das gibt Ihnen die Gewissheit, dass das Plugin korrekt installiert wurde.

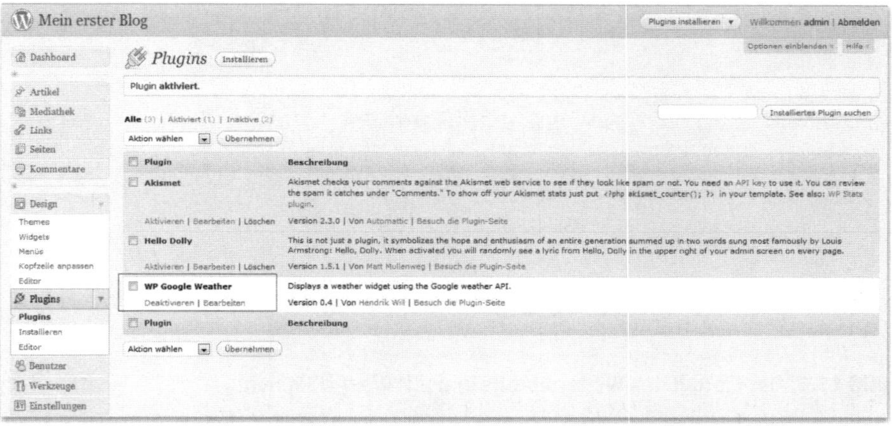

Bild 11.4: Die Plugin-Übersicht – unser Wettermodul ist bereits eingetragen.

Wechseln Sie nun zum Menüpunkt *Dashboard* oben links in der Optionsleiste. Im *Aktuell*-Fenster unterhalb der Überschrift *Dashboard* klicken Sie nun die Option *Widget* an.

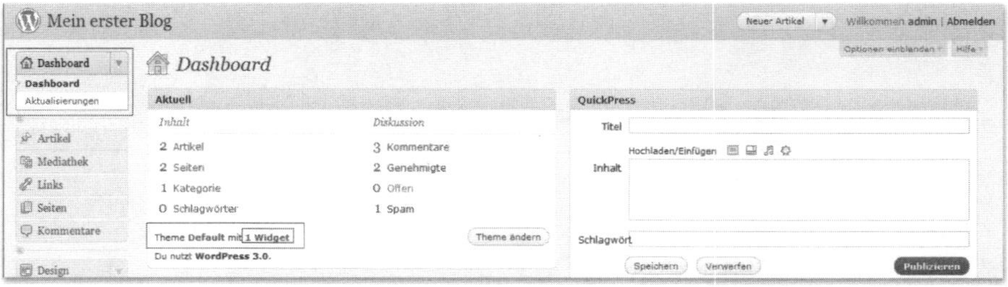

Bild 11.5: Die Option *Widget* im Dashboard-Menü

Im *Widget*-Bereich ist unter *Verfügbare Widgets* unser eben installiertes Plugin als Eintrag *WP Google Weather* zu sehen.

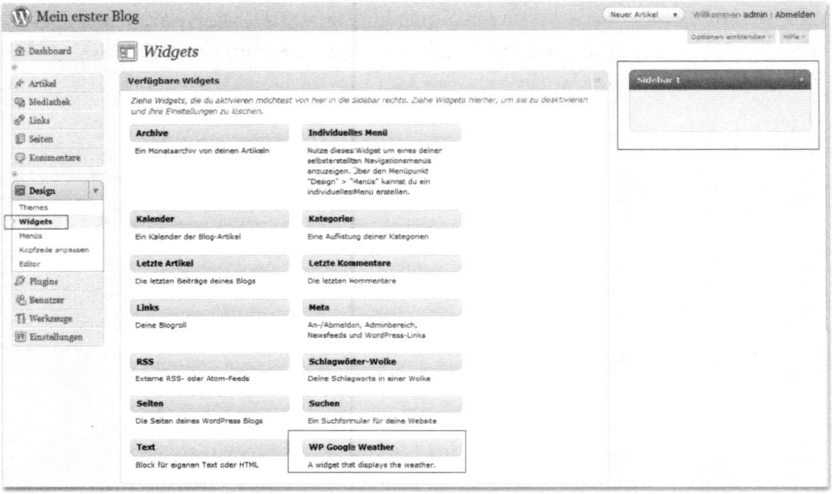

Bild 11.6: Der Eintrag des Wettermoduls in der *Widget*-Übersicht

Packen Sie das Widget mit gedrückter linker Maustaste und ziehen Sie es auf die rechte Seite in den Bereich *Sidebar*. Lassen Sie dann die Taste los. Wenn es nicht geklappt haben sollte, dann wiederholen Sie den Vorgang. Sie kennen diese Funktion bestimmt aus anderen Windows-Anwendungen, in denen Sie mit *Drag&Drop* ein Element verschieben können. Genauso ist es hier.

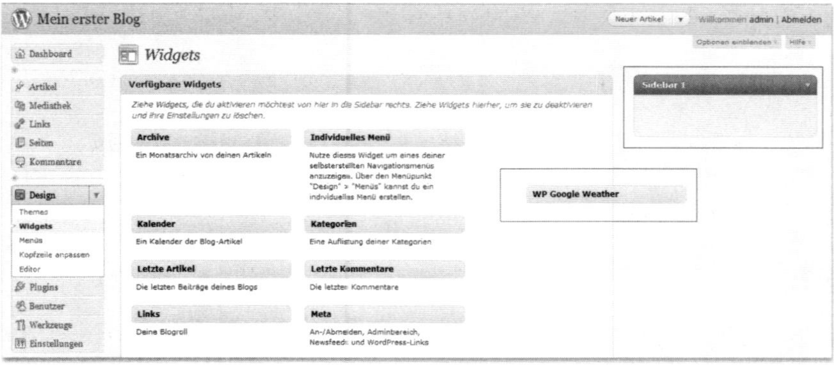

Bild 11.7: Das Wetter-Plugin packen und in den Bereich *Sidebar* ziehen

Das Plugin ist editierbar. Klicken Sie auf den kleinen grauen Pfeil neben der Überschrift *WP Google Weather*, dann öffnet sich ein kleines Fenster mit Eigenschaften, die Sie dem Modul zuordnen können.

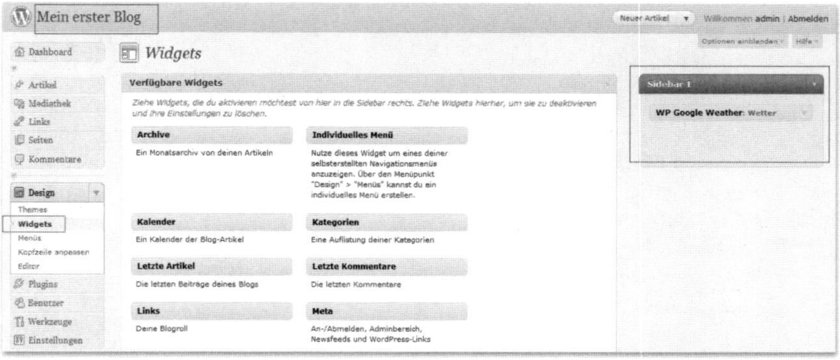

Bild 11.8: Das Wetter-Widget auf der rechten Seite

Sie können einen Titel vergeben. Ich habe das Plugin *Wetter* getauft. Um eine lokale Wettervorhersage anbieten zu können, müssen Sie eine Stadt wählen (ich habe München verwendet), entscheiden, wie die Temperatur dargestellt werden soll (Fahrenheit oder Celsius), die Sprache bestimmen und festlegen, ob eine dreitägige Wettervorhersage angezeigt werden soll. Drücken Sie auf *Speichern*, um die Angaben zu bestätigen, und wechseln Sie zur Webseitenansicht, indem Sie oben links auf den Blogtitel klicken. In meinem Beispiel wäre dies der Titel *Mein erster Blog*.

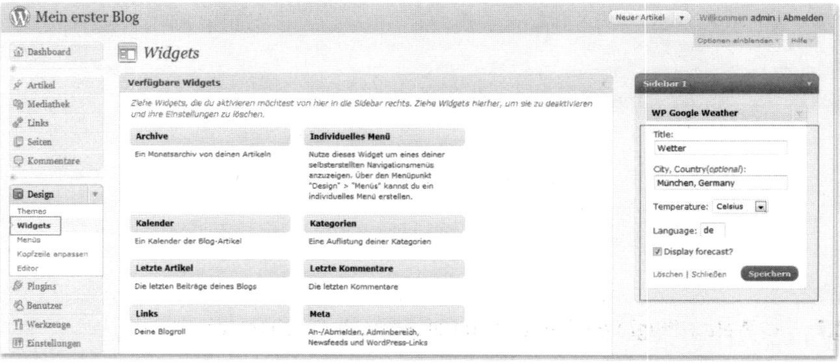

Bild 11.9: Die Eigenschaften des Wetter-Plugins

Das Plugin ist jetzt fertig eingerichtet.

Bild 11.10: Das Wetter-Plugin erscheint auf der Webseite

12 Ein Nachrichten-Widget einbauen (News)

Das Plugin *Alle News* stellt eine Auswahl an aktuellen deutschsprachigen Nachrichten aus Deutschland, Österreich und der Schweiz zusammen und zeigt sie in der Seitenleiste an. Und so geht's:

Sie können das Plugin im Netz unter der Adresse *http://wordpress.org/extend/plugins/alle-news/installation/* herunterladen. Wählen Sie im Dashboard den Menüpunkt *Plugins / Installation* an. Drücken Sie die Schaltfläche *Installieren.* Laden Sie dort in gewohnter Weise das Widget hoch und aktivieren Sie es. Öffnen Sie nun in der Menüleiste den Menüpunkt *Design* und danach den daraufhin erscheinenden Menüpunkt *Widgets.*

Im Widgets-Menü finden Sie das Symbol mit der Bezeichnung *Alle News.* Schieben Sie es mit der Maus auf die rechte Seite in den Sidebar-Bereich.

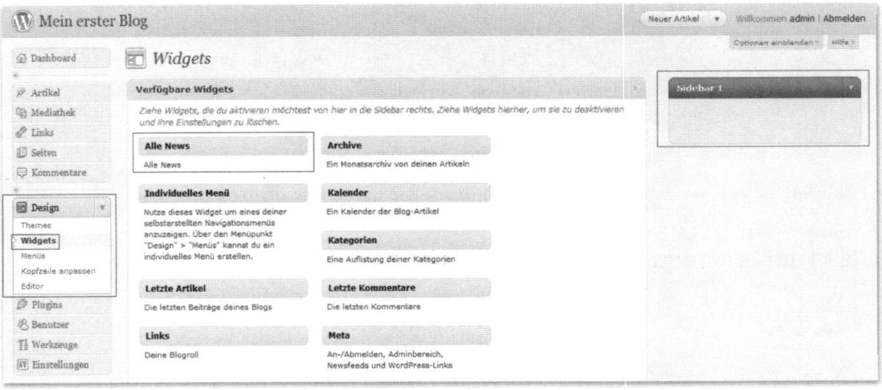

Bild 12.1: Das Nachrichten-Widget in der Widget-Übersicht

Die Eigenschaften des Plugins lassen sich noch minimal einstellen. Neben der Vergabe eines Titels lassen sich noch die Anzahl der Meldungen und die Anzahl der Zeichen, die angezeigt werden sollen, festlegen.

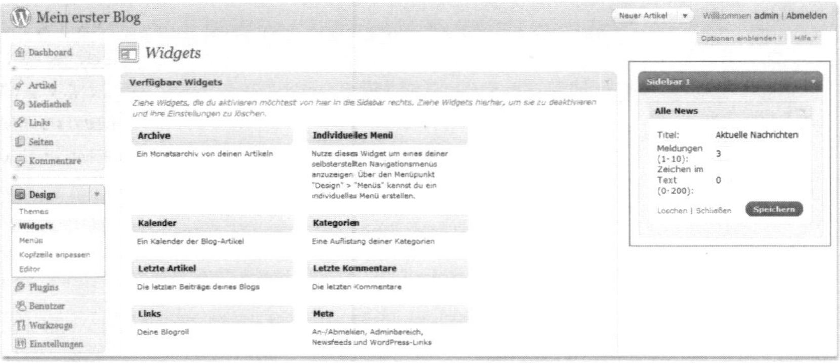

Bild 12.2: Das Widget in der Sidebar

Wechseln Sie in die Webseitenansicht. Sie erreichen dies, indem Sie im Backend den Blogtitel in der Titelleiste anklicken. Das Standard-WordPress-Template zeigt die Nachrichten nicht besonders schön an. Die Darstellung ist aber abhängig vom gewählten Theme. Wechseln Sie das Theme im Verwaltungsbereich und werfen Sie erneut einen Blick darauf. In der Abbildung weiter unten können Sie das Ergebnis mit einem anderen Theme sehen.

Bild 12.3: Das Widget *Alle News* auf der Startseite

Bild 12.4: Die Ansicht des Widgets in einem anderen Template

13 Audio & Video einbinden

Audio- und Videodateien lassen sich einfacher in WordPress einbauen, als man vielleicht glauben mag. Auch hier kann man sich einiger Plugins bedienen, die es als kostenlosen Download gibt und die sich einfach konfigurieren lassen. Es gibt hierfür mehr als eine Lösung. Beispielhaft will ich hier das Einbetten eines Youtube-Videos beschreiben.

Wählen Sie im Hauptmenü zunächst die Option *Seiten* an und klicken Sie dann auf das gleichnamige Untermenü. Sie erhalten ein Verzeichnis der Seiten, die im System angelegt sind. Klicken Sie den Titel einer der vorhandenen Seiten an, z. B. der Seite *About.*

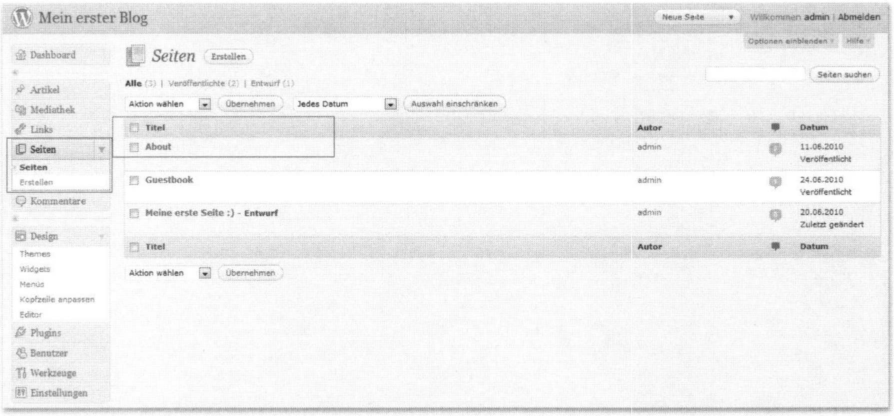

Bild 13.1: Eine Seite vorbereiten

Nun sind wir im Bearbeitungsmodus der Seite mit allen Formatierungsmöglichkeiten, fast wie bei einer vollwertigen Textverarbeitung. Oberhalb der Leiste mit den Editorwerkzeugen ist eine Leiste mit vier kleinen Symbolen zu sehen. Davor steht *Hochladen/Einfügen.* Das zweite von links erinnert ein bisschen an eine Regieklappe. Dieses Symbol bedeutet *Ein Video einfügen* und dieses benötigen wir. Bitte klicken Sie die kleine Schaltfläche an.

Bild 13.2: So lokalisieren Sie die Funktion *Video einfügen.*

Es öffnet sich ein Fenster mit der Überschrift *Video hinzufügen.* Klicken Sie im oberen Bereich auf den Link *Von URL.*

Bild 13.3: Das Menü *Video hinzufügen* in WordPress

Jetzt müssen wir eine URL (also eine Webadresse) eingeben, damit wir dieses Menü mit einem Video verknüpfen können. Besonders geeignet sind Youtube-Videos. Darüber hinaus können Sie, wenn Sie wollen, auch einen Titel für das Video eingeben.

Wechseln Sie nun zur Website *www.youtube.de.* Schließen Sie WordPress aber nicht – öffnen Sie einfach ein weiteres Browserfenster. Suchen Sie im Eingabefeld von Youtube nach einem Video, das Sie gerne in Ihre WordPress-Seite integrieren möchten. Für unser Beispiel habe ich ein Video aus der »Sendung mit der Maus« gewählt. Sobald das Video angezeigt wird, kopieren Sie dessen Webadresse (auch URL genannt) aus der Adresszeile von Firefox oder Internet Explorer.

Bild 13.4: Die URL (WWW-Adresse) des Youtube-Videos

Wir kehren zu WordPress und in das Browserfenster mit dem Menü *Video hinzufügen* zurück. Fügen Sie nun die Adresse in das Feld *Video-URL* ein und vergeben Sie einen Titel. Anschließend drücken Sie bitte die Schaltfläche *In Artikel einfügen.*

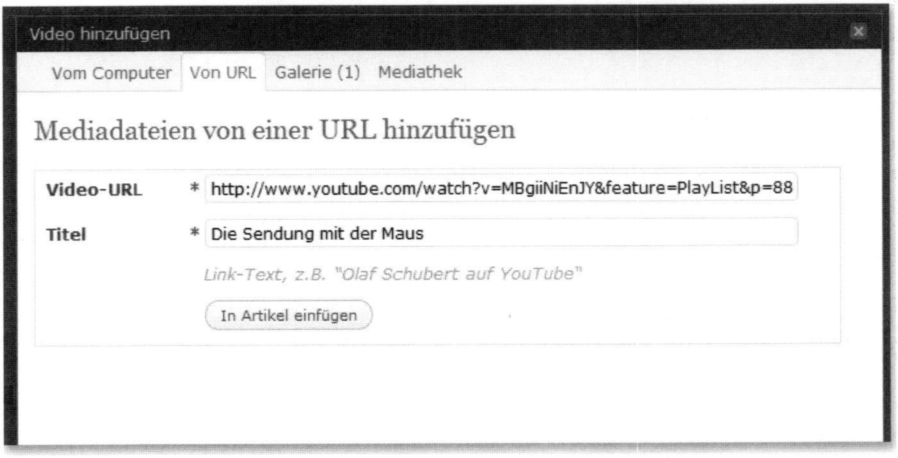

Bild 13.5: So tragen Sie die URL des Youtube-Videos in das Fenster *Video hinzufügen* ein.

Im Textfeld des Editors steht jetzt als Ergebnis der Eintrag *Die Sendung mit der Maus.* Testen Sie das, indem Sie oben auf den Link *Seite ansehen* klicken.

Bild 13.6: Der Link zum Video im Editor

Das Endergebnis sollte ein eingebundenes Video *Die Sendung mit der Maus* sein.

Bild 13.7: Unser Beispiel-Video im WordPress-Blog

Im ersten Teil dieses Kapitels haben wir uns damit befasst, ein Video in den Blog zu integrieren. Nun wollen wir uns um Audiodateien kümmern.

Das Audio-Zusatzprogramm *Tierra Audio Playlist Manager* wird wie alle anderen Plugins über das Menü *Plugins / Hochladen* installiert. Die Besonderheit bei diesem Plugin sind die (gemessen an anderen Audio-Plugins) einfache Installation und das Erstellen von Playlisten. Listen also, über die ein Musiktitel nach dem anderen automatisch abgespielt wird.

Sie können das Plugin aus dem Web herunterladen. Die Adresse lautet *http://wordpress.org/extend/plugins/tierra-audio-playlist-manager/.* Klicken Sie auf den roten *Download*-Button und Sie erhalten die komprimierte Datei *tierra-audio-playlist-manager.zip.*

Nach der Installation des Audio-Plugins finden Sie im Hauptmenü auf der linken Seite unter dem Menüpunkt *Werkzeuge/Einstellungen* einen neuen Eintrag *Tierra Audio Playlists.*

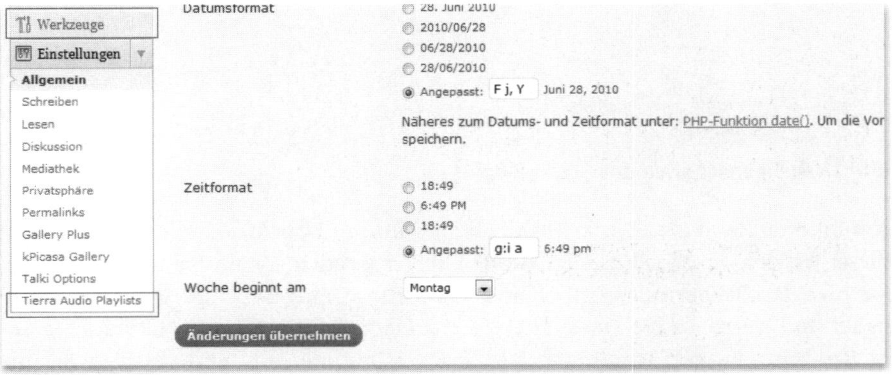

Bild 13.8: Das Tierra Audio Playlist Plugin im Menü *Einstellungen*

Beim Anklicken öffnet sich ein neues Fenster mit einer Fülle von möglichen Einstellungen. Das sieht aber nur auf den ersten Blick kompliziert aus. Fangen wir von oben an. Vergeben Sie zuerst einen Namen für die Playlist. Tippen Sie einen Wunschnamen in das Feld neben der Schaltfläche *Create new playlist* ein und drücken Sie anschließend auf diese Schaltfläche. Der Name der Playlist erscheint dann etwas rechts neben der Schaltfläche. Ich habe meine Playlist *Mike* genannt.

Für eine Playlist benötigen wir natürlich auch Musiktitel, die dort abgespielt werden sollen.

Bild 13.9: Eigenschaften des Audio-Plugins

Am unteren Rand des Fensters ist die Funktion *Add New Media File* zu finden. Mit dieser werden die Musikdateien auf den Server geladen. Wenn Sie wollen, können Sie hier den Sänger oder den Namen der Gruppe eingeben und wenn Sie schon dabei sind, vergeben Sie einen Titel für das Lied. Wählen Sie mit Hilfe des *Durchsuchen*-Buttons eine Musikdatei auf Ihrem Computer aus und drücken Sie die Schaltfläche *Öffnen*. Die Datei wird anschließend auf den Server hochgeladen.

Bild 13.10: Dateiauswahl auf dem Computer

Nach dem Hochladen ist der Song in der unteren Tabelle zu sehen. Machen Sie dort einen Haken bei *Add* und drücken Sie die Schaltfläche *Add*. Der Song ist dann Teil der Playlist, die etwas weiter oben steht. Sie können das beliebig oft wiederholen – solange, bis Sie der Meinung sind, dass die Liste nun genug Einträge enthält. Erschrecken Sie nicht über meine Darstellung der Playlist. Ich habe dreimal den gleichen Eintrag verwendet. Bei Ihnen wird das mit Sicherheit anders aussehen.

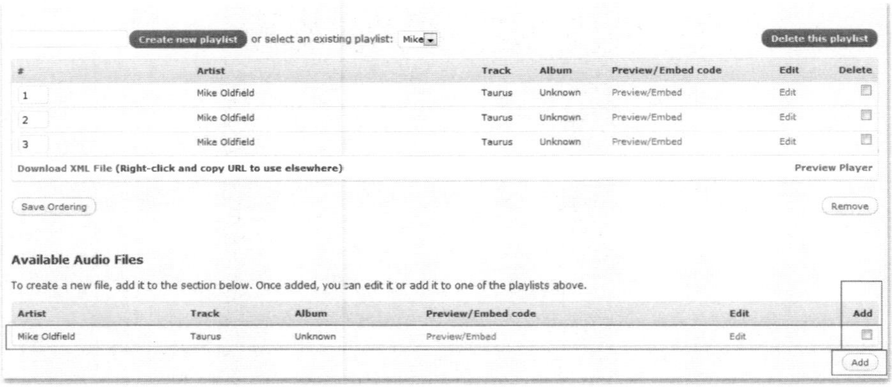

Bild 13.11: Hinzufügen des Songs zur Playlist

Die Playliste, ist fertig. Aber wie geht's weiter? Jetzt wird's ein wenig komplizierter, aber es ist zu schaffen. Klicken Sie bitte unter *Available Audio Files* auf die blaue Schrift *Preview/Embed.*

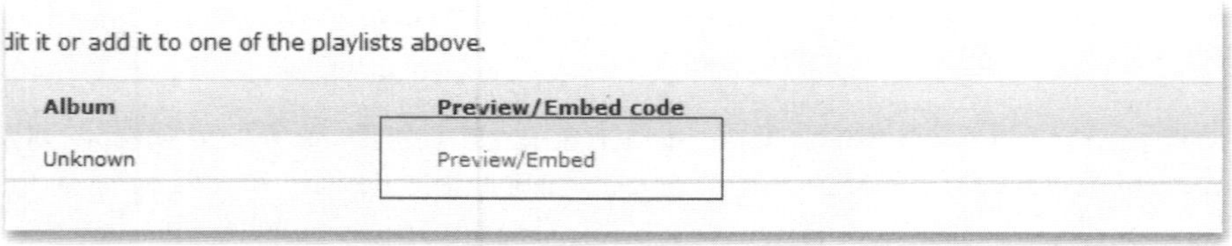

Bild 13.12: Die Option *Preview/Embed*

Es öffnet sich ein neues Fenster. Oben ist der Player zu sehen und darunter stehen noch einige weitere Optionen. Falls der Player beim Aufruf Ihrer Seite automatisch starten soll, dann setzen Sie einen Haken bei *Begin playing automatically.* Soll nach dem Abspielen der Playliste wieder von vorn gestartet werden, dann machen Sie ein Häkchen bei *Repeat when playlist ends* und so weiter. Jetzt kommt etwas ganz Wichtiges: Kopieren Sie den Code, der im unteren Teil des Fensters angezeigt wird, in die Zwischenablage. Soll heißen: Markieren und kopieren Sie die entsprechenden Zeilen. Schließen Sie dann das Player-Fenster über das Kreuzchen rechts oben.

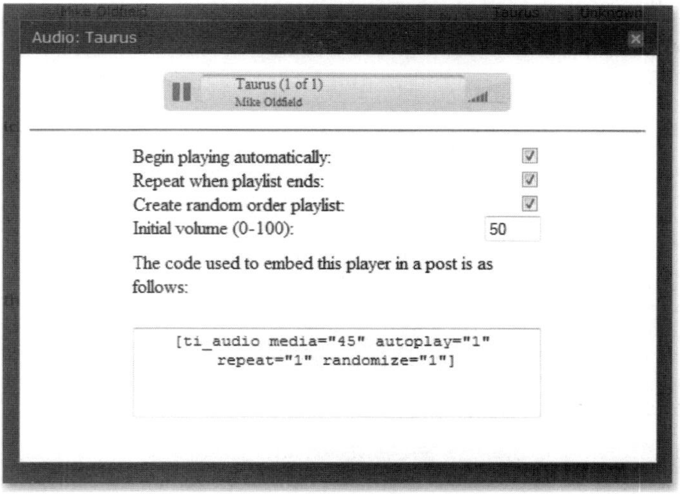

Bild 13.13: Festlegen der Player-Eigenschaften mit Code zum Einbetten

Wechseln Sie nun zum Hauptmenü im WordPress-Dashboard zum Eintrag *Seiten* und dem Untermenü *Seiten.* Wählen Sie dort einen Eintrag, z. B. *About.* Klicken Sie den Artikel an, um in den Bearbeitungsmodus zu kommen.

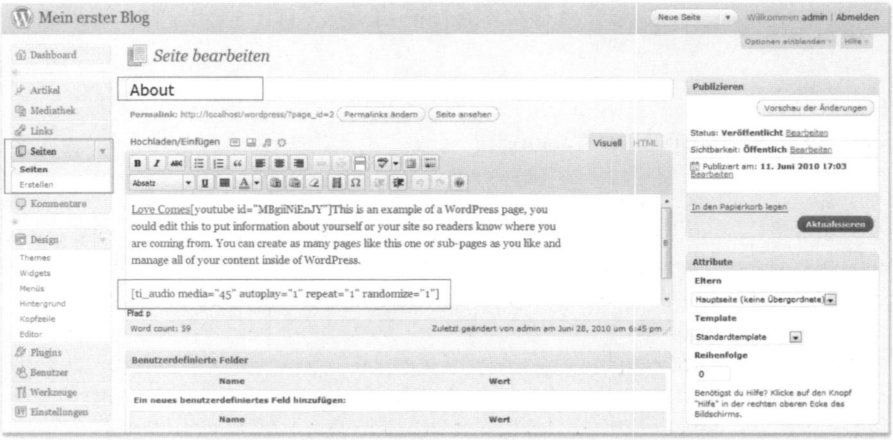

Bild 13.14: So betten Sie den Player-Code in den Artikel ein.

Fügen Sie in das Textfeld den Inhalt der Zwischenablage ein. Wie Sie sehen, wird ein neuer Textbaustein angezeigt, der Ihrem Player und der Playlist zugeordnet ist. Drücken Sie etwas oberhalb des Editors auf *Seite ansehen.*

Wenn Sie einen Player sehen, der gerade Ihre Lieblingssongs abspielt, dann hat alles funktioniert.

Bild 13.15: Die Playlist in der Seite *About*

14 Eine Community einrichten

Mit einem Forum (auch Community genannt) können Sie auf einfache Weise erreichen, dass die Besucher auf Ihrer Website aktiv werden. Diskussionsthemen werden angestoßen und mitunter leidenschaftlich debattiert. Im Gegensatz zu einem Gästebuch ist ein Forum stets dynamisch und lebt von den Fragen und Antworten, die dort gestellt werden.

In meinem Beispiel verwende ich das Forum *Simple:Press*. Das Forum ist kostenlos und sehr mächtig in seinen Einstellungsmöglichkeiten. Ich beschreibe in diesem Kapitel den einfachsten Weg, das Forum lauffähig zu machen. Und so geht's:

▶ Schritt 1.)

Das Plugin ist im Downloadbereich der Seite *http://simple-press.com* zu finden. Der Dateiname lautet *SP-435-RELEASE.zip*. Installiert wird das Plugin wie üblich über das Menü *Plugins / Installieren / Hochladen*. Nach dem Hochladen drücken Sie bitte die Schaltfläche *Aktiviere dieses Plugin*. In der Plugin-Übersicht steht jetzt ein neuer Eintrag mit der Bezeichnung *Simple:Press*. Klicken Sie bitte unterhalb des Wortes *Simple* auf *Install*.

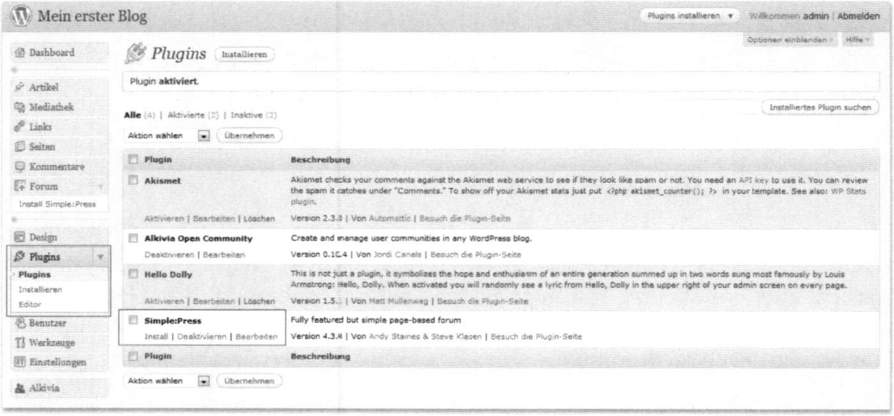

Bild 14.1: Das Forum installieren

▶ Schritt 2.)

Im neuen Fenster klicken Sie auf die Schaltfläche *Perform Installation*. Jetzt wird ein zweiter Installationsschritt durchgeführt. Mitunter kann es einen Augenblick, dauern, bis dieser Prozess beendet ist. Unterbrechen Sie diesen Vorgang nicht!

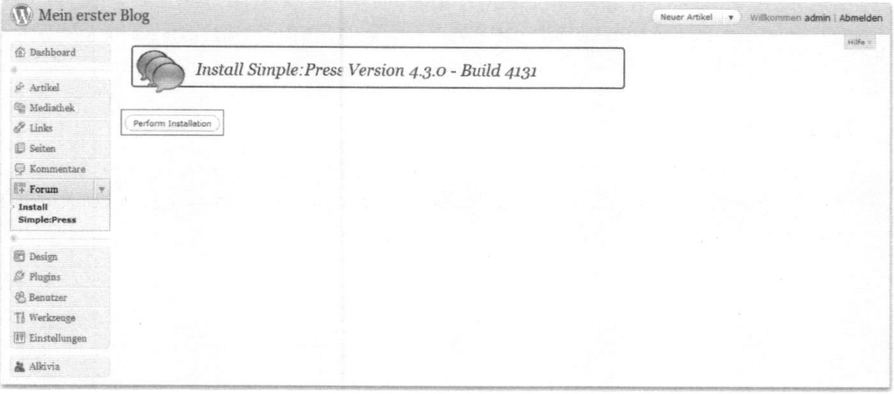

Bild 14.2: Der zweite Schritt der Installation

▶ Schritt 3.)

Ist die Installation fertig, dann ist unterhalb der blauen Balken eine Schaltfläche mit der Aufschrift *Go to Forum Admin* zu sehen. Klicken Sie bitte darauf.

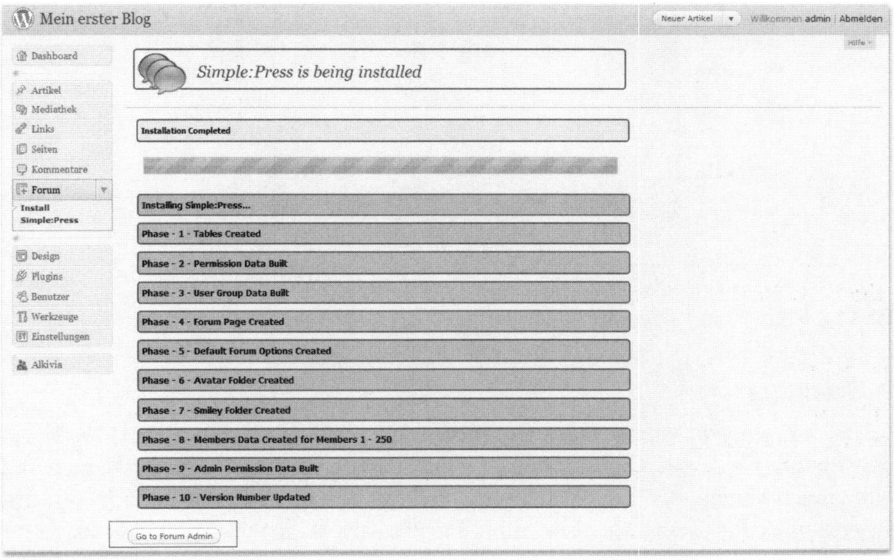

Bild 14.3: Fertigstellung der Installation

▶ Schritt 4.)

Das Forum lässt sich sehr umfangreich konfigurieren. Für unsere Zwecke genügen vorerst die Standardeinstellungen. Zum Erzeugen eines Forums klicken Sie auf der linken Seite auf den Button *Forums.*

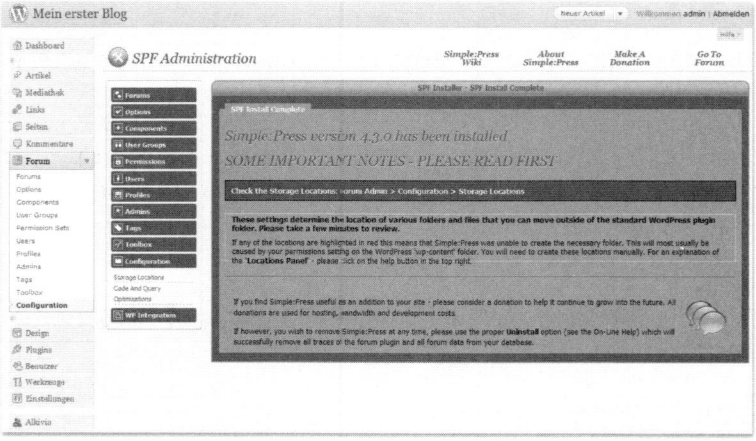

Bild 14.4: Ein Forum erzeugen

▶ Schritt 5.)

Zuerst müssen wir eine neue Gruppe anlegen. Im Menü gibt es für diesen Zweck den Menüpunkt *Create new Group*. Klicken Sie bitte darauf. Vergeben Sie einen Namen und eine Beschreibung der neuen Gruppe. Wählen Sie im unteren Bereich bei den Einstellungen für *Guests*, *Members* und *Moderators* den Wert *Standard Access aus.*

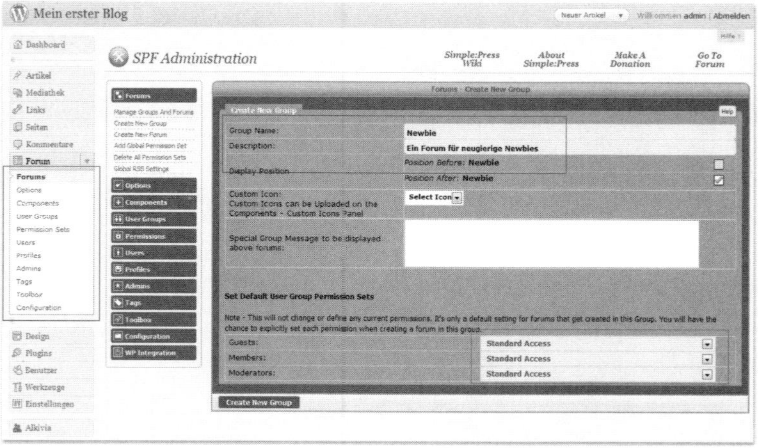

Bild 14.5: Eine neue Gruppe anlegen

▶ Schritt 6.)

Jetzt kann ein Forum erstellt werden. Im Menü auf der linken Seite klicken Sie bitte auf den Menüpunkt *Create new Forum.* Ganz oben rechts neben dem Eintrag *Standard Forum* können Sie unsere vorhin erstellte Gruppe auswählen. (Im Beispiel ist es die *Gruppe Newbie.*) Vergeben Sie einen Namen für das Forum und wählen Sie ganz unten bei *Guests, Members* und *Moderators* wieder den Eintrag *Standard Access* aus. Bestätigen Sie dies durch Klick auf die Schaltfläche *Create New Forum.*

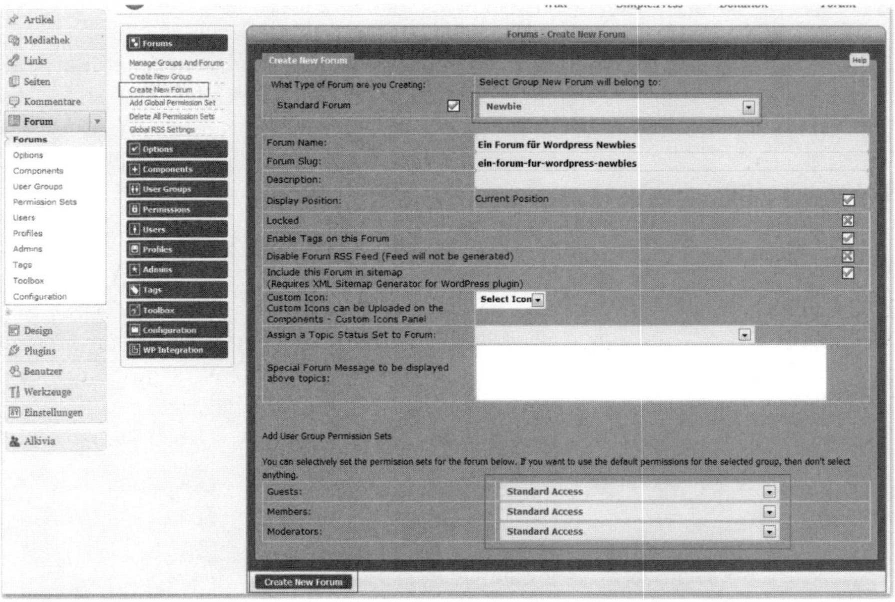

Bild 14.6: Ein Forum anlegen

▶ Schritt 7.)

Wechseln Sie zum Menü *Dashboard,* dann auf das Hauptfenster und dort auf den Link *Widget.*

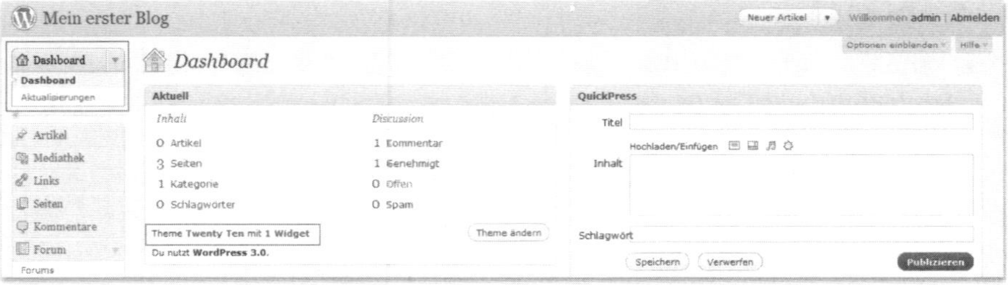

Bild 14.7: Wechseln zur Widget- Ansicht

Ziehen Sie das Widget mit der Bezeichnung *Recent Forum Posts* auf die rechte Seite in die Sidebar (*Primärer Widget Bereich*) und lassen Sie es dann los. Klicken Sie auf den grauen Pfeil bei dem Wort *Bereich* und geben Sie eine Bezeichnung in das Textfeld neben *Recent Forum Posts* ein. Ich habe dort *Letzte Beiträge* eingegeben. Die anderen Optionen können Sie erst einmal leer lassen.

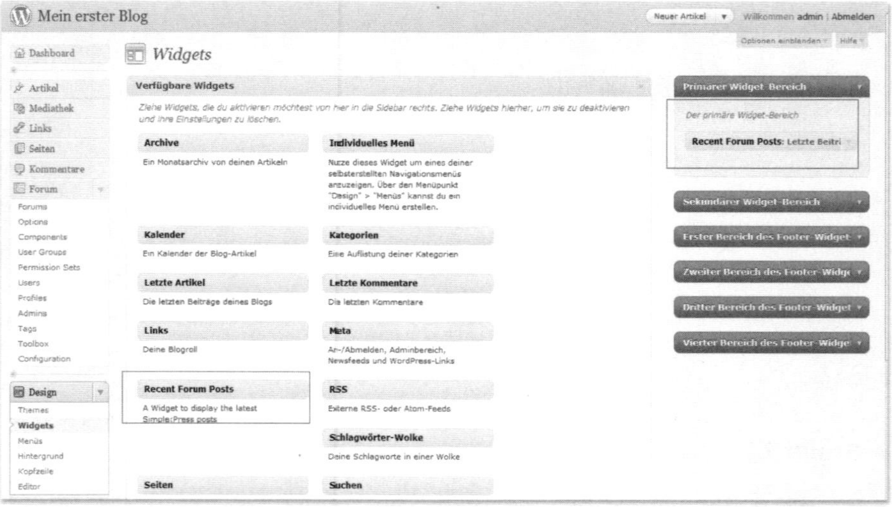

Bild 14.8: Verschieben des Widgets auf die rechte Sidebar

▶ Schritt 8.)

Das Forum ist nun fertig eingerichtet. Wechseln Sie zur Webseitenansicht, indem Sie in der Titelleiste oben links auf den Titel der Webseite klicken. Wenn alles geklappt hat, dann wurde ein neuer Menüpunkt mit der Bezeichnung *Forum* angelegt.

Bild 14.9: Ansicht des Forums auf der Webseite

▶ Schritt 9.)

Wahrscheinlich haben Sie bemerkt, dass sich das Plugin in großem Umfang konfigurieren lässt. Sie können es auch in andere Sprachen übersetzen. Weitere Informationen zum Forum finden Sie auf der Webseite der Programmierer *www.simple-press.com*.

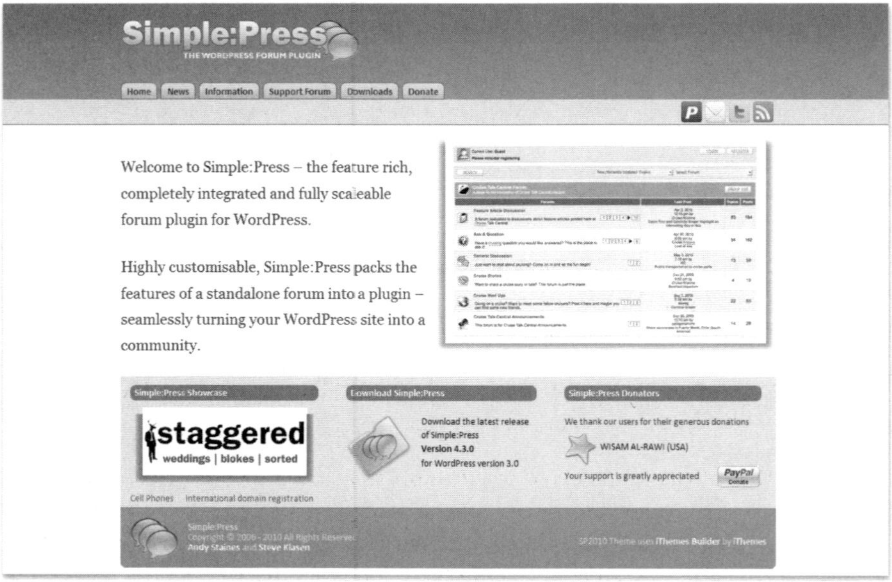

Bild 14.10: Webseite der Programmierer von Simple: Press

15 Downloads

Einen ganz besonderen Pfiff erhält Ihre WordPress-Webseite, wenn Sie Dateien zum Herunterladen anbieten. Mithilfe des Plugins *video-download* ist es sehr einfach, Musikdateien oder Video-Dateien als Download bereitzustellen. Doch eigentlich geht es noch wesentlich einfacher, und zwar ganz ohne ein Plugin. Die speziellen Eigenschaften des Plugins *video-download* werde ich später beschreiben. Aber zuerst möchte ich einen wirklich sehr einfachen Weg aufzeigen, der es Ihnen ermöglicht, auf unkomplizierte Weise Dateien zum Download anzubieten

Bevor Sie Downloads auf der Webseite anbieten, ist zu überlegen, welche Art Downloads es denn überhaupt sein sollen. Sollen es Bilder, Videos oder Musik-Dateien sein, dann stellt sich die Frage: Sind die Dateien, die Sie bereitstellen wollen, vielleicht urheberrechtlich geschützt? Wenn das Urheberrecht verletzt wird, kann das zu unangenehmen und teuren Rechtsstreitigkeiten führen. Daher empfehle ich, ausschließlich selbst erstellte Fotos oder Videos zum Download anzubieten. Da sind Sie auf jeden Fall auf der sicheren Seite.

Erstellen Sie zunächst eine neue Seite, der Sie einen Namen vergeben. Der Name *Downloads* bietet sich dafür an.

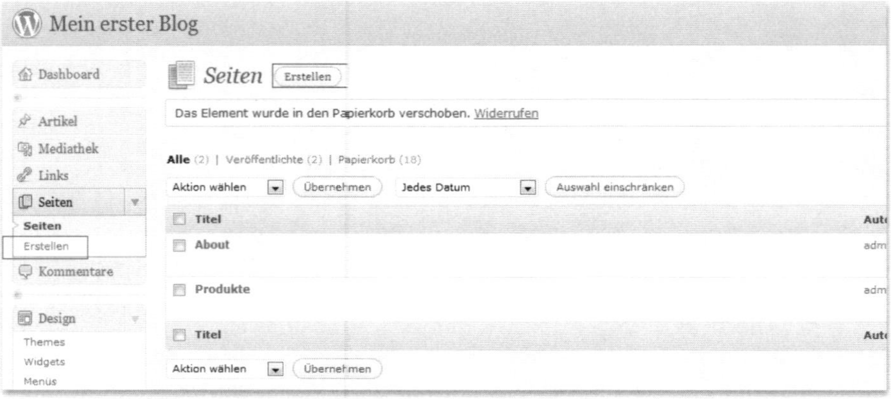

Bild 15.1: Eine neue Seite erstellen

Erstellen Sie zu Testzwecken eine Textdatei. Dazu klicken Sie mit der rechten Maustaste auf den Bildschirm und wählen im Kontextmenü die Option *Neu / Textdokument.* Sie sollten anschließend eine Datei mit dem Namen Neues *Textdokument.txt* auf dem Bildschirm haben. Klicken Sie die Datei mit der rechten Maustaste erneut an und wählen Sie diesmal die Option *Umbenennen.* Nennen Sie die Datei in *download1.zip* um.

Wenn Windows mit der Meldung *Wenn Sie die Dateinamenerweiterung ändern, wird die Datei möglicherweise unbrauchbar. Möchten Sie sie trotzdem ändern?* meckert, ignorieren Sie die Meldung und klicken Sie auf *OK.* Jetzt sollten Sie eine Datei mit der Bezeichnung *download1.zip* auf dem Desktop haben. Wechseln Sie zurück zur Seite *Download,* die wir gerade erstellen. Über der Werkzeugleiste des Texteingabefeldes finden Sie die kleine Leiste *Hochladen/Einfügen.* Wählen Sie das letzte Symbol *Dateien hinzufügen* aus.

Bild 15.2: Datei-Typ Auswahl in der Leiste *Hochladen/Einfügen*

Im neuen Fenster klicken Sie bitte auf die Schaltfläche *Dateien auswählen.* Suchen Sie im Dateiauswahl-Fenster die Datei *download1.zip* aus, die ja auf dem Desktop (Bildschirm) liegen sollte.

Bild 15.3: Mediadateien auf dem Computer auswählen

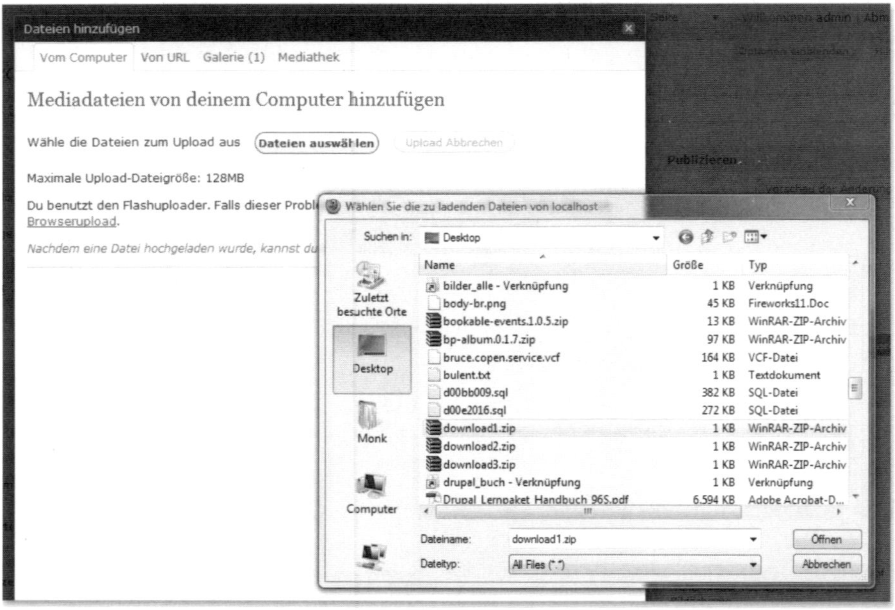

Bild 15.4: Dateiauswahl auf dem Computer

Vergeben Sie einen Titel und eine Beschreibung für den Download. Ich habe als Titel *download1.zip* und als Beschreibung *der erste Download* verwendet. Hier sind Sie frei in der Entscheidung, welche Angaben Sie machen wollen. Die Angaben sind optional, können also weggelassen werden. Drücken Sie zum Abschluss die Schaltfläche *In Artikel einfügen.*

Bild 15.5: Download beschriften und einfügen

Im Textfeld steht in der Farbe Blau die Bezeichnung *download1*. Publizieren Sie die Seite und klicken Sie dann auf die Schaltfläche *Seite ansehen* (direkt unterhalb der Überschrift *Seite bearbeiten*).

Bild 15.6: Download einfügen und ansehen

Sie sehen einen neuen Menüpunkt mit der Bezeichnung *Download.* So haben wir die Seite ja auch benannt. Unterhalb des Menüpunkts wurde ein Link mit der Bezeichnung *download1* angelegt. Klicken Sie auf diesen Eintrag …

Bild 15.7: Anzeige auf der Webseite

… es erscheint ein Download-Fenster. Das Einrichten einer Download-Funktion hat funktioniert. Auf diese Weise können Sie beliebig viele Downloads anbieten.

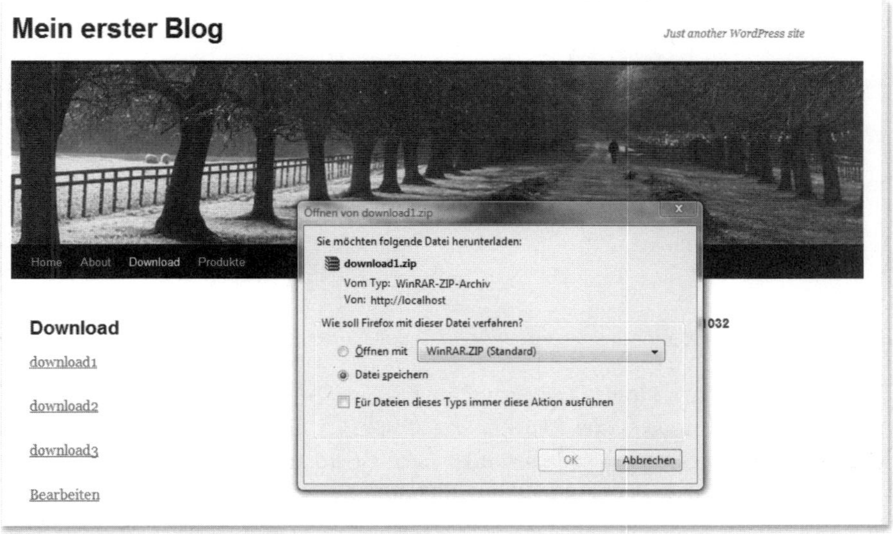

Bild 15.8: Test-Download von der Webseite

Nun zum Plugin *video-download.* Das Tolle an diesem Plugin ist, dass es das Einbinden von Youtube-Videos und Google-Videos (und anderen) ermöglicht, die dann als Video oder als MP3 heruntergeladen werden können. Das hört sich kompliziert an, ist es aber nicht. Zuerst müssen wir das Plugin über den normalen Vorgang einer Plugin-Installation importieren. Die Download-Adresse lautet *http://wordpress.org/extend/plugins/video-download/.* Wie bei den anderen Plugins auch, wechseln Sie zum Menü *Plugins* und dann zu *Installieren.* Klicken Sie auf *Hochladen* und wählen Sie die Datei *video-download.zip* auf Ihrem Rechner aus. Zum Abschluss drücken Sie noch den Button *Öffnen.* Klicken Sie dann auf *Jetzt installieren* und zum Abschluss auf *Aktiviere dieses Plugin.*

Das Plugin *video-download* ist nun aktiviert in unserer WordPress-Webseite eingebettet.

Bild 15.9: Aktiviertes Plugin *video-download* in der Plugin-Übersicht

Zum Bearbeiten der Plugin-Eigenschaften klicken Sie bitte im Menü *Plugins* auf den Menü-Unterpunkt *Video Download.* Sie können die Angaben, die unter *Text Structure* angezeigt werden, so lassen oder nach Gusto ändern. Klicken Sie in jedem Fall auf den Button *Save.* Wechseln Sie nun zum Menü *Seiten.*

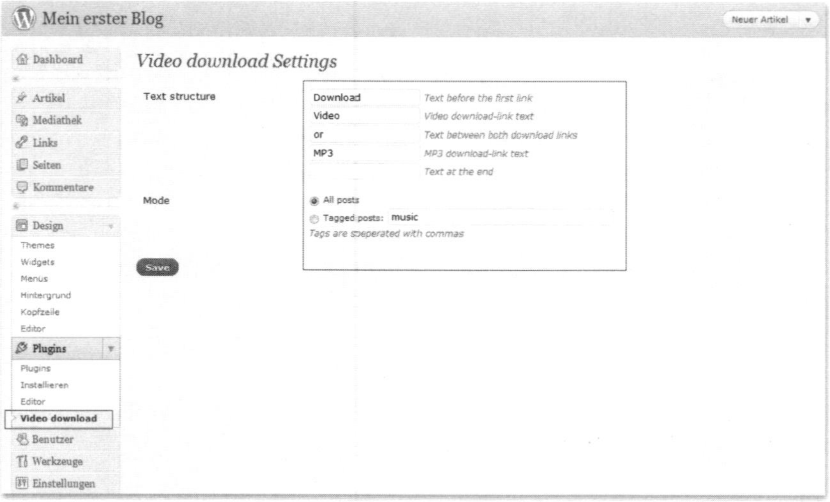

Bild 15.10: Eigenschaften des Video-Plugins

Erstellen Sie eine neue Seite und geben Sie der Seite den Namen *Downloads*.

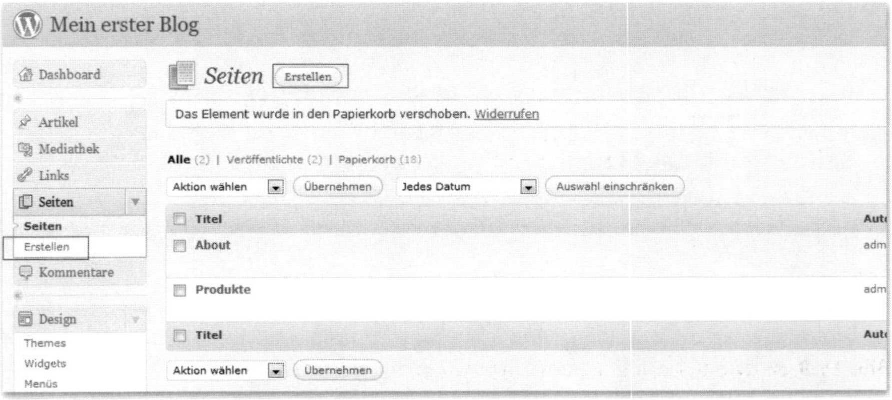

Bild 15.11: Eine neue Seite erstellen

In der unteren Abbildung habe ich die URL eines Youtube-Videos schon eingefügt.

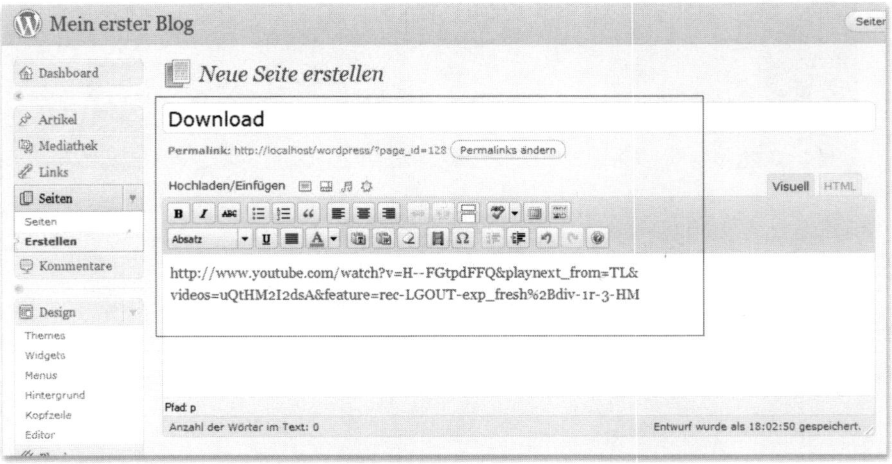

Bild 15.12: Youtube-Code in den Editor einfügen

Der Code, den Sie einfügen müssen, ist die WWW-Adresse (auch URL genannt) des Videos, das Sie einbinden wollen. Ich habe in Youtube die »Sendung mit der

Maus« ausgewählt und die Adresse, die oben in der Adresszeile des Firefox oder Internet Explorers angezeigt wird, einfach kopiert und anschließend in die Seite *Download* eingefügt. Siehe Abbildung oben.

Bild 15.13: Auswahl des Youtube-Videos

Bild 15.14: Kopieren der URL (www-Adresse) des Videos

Speichern Sie die neue Seite nun und publizieren Sie sie. Das Ergebnis sollte in etwa so wie im folgenden Bild aussehen. Das Tolle daran ist, der Besucher kann wahlweise zwischen einem Download als Video oder als MP3 wählen (siehe unten im Bild die Optionen *Video or MP3*). Versuchen Sie einmal die Methode MP3.

Bild 15.15: Download-Möglichkeiten

Sofort nach der Bestätigung öffnet sich ein Konverter, der die MP3-Tonspur aus dem Video herausfiltert. Das Konvertieren dauert ein wenig.

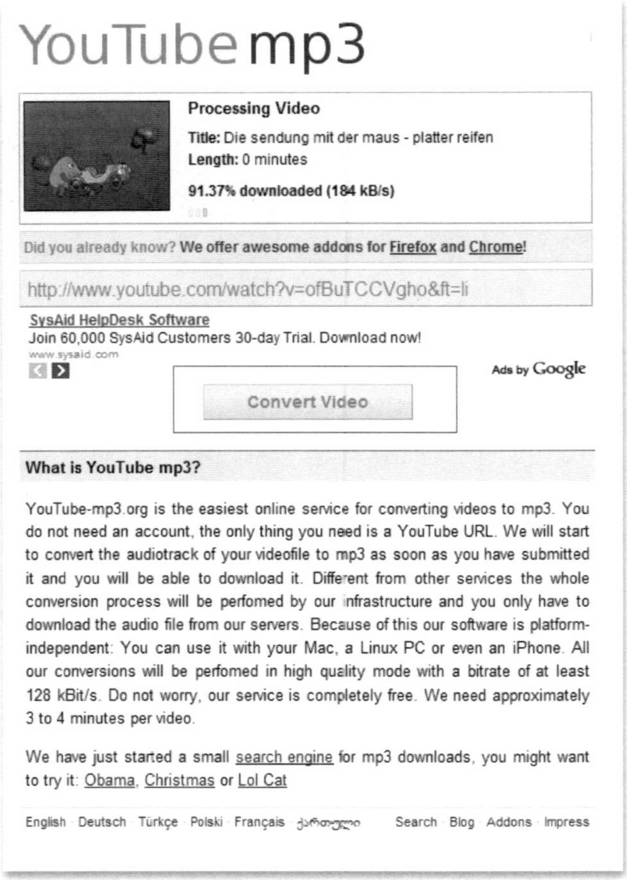

Bild 15.16: Konvertieren der Audiospur aus dem Video

Nach dem Konvertieren wird die Datei als MP3-Datei zum Download angeboten. Der Besucher wird das klasse finden, denn es ist mitunter sehr mühselig, ein passendes kostenloses Programm zu finden, das die MP3-Tonspur von der Videospur trennen kann. In jedem Fall ist dieses Plugin eine Aufwertung der Webseite (allerdings problematisch, falls Sie urheberrechtlich geschütztes Material zum Download anbieten).

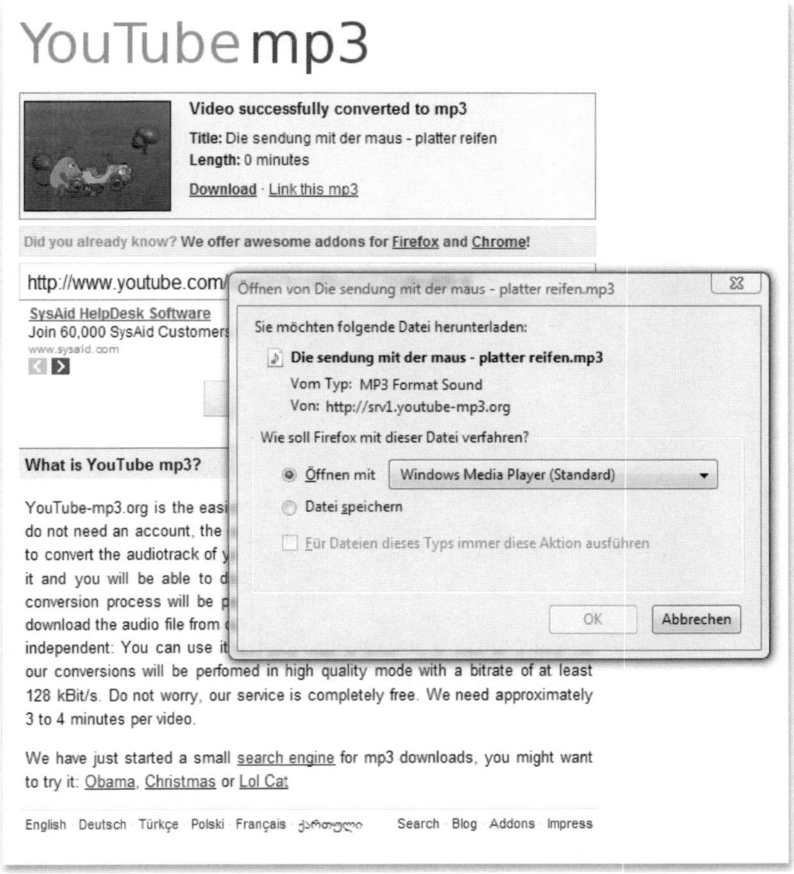
YouTube mp3
Video successfully converted to mp3
Title: Die sendung mit der maus - platter reifen
Length: 0 minutes
Download · Link this mp3
Did you already know? We offer awesome addons for Firefox and Chrome!
http://www.youtube.com/
SysAid HelpDesk Software
Join 60,000 SysAid Customers
www.sysaid.com
What is YouTube mp3?
YouTube-mp3.org is the easi
do not need an account, the
to convert the audiotrack of y
it and you will be able to d
conversion process will be p
download the audio file from
independent: You can use it
our conversions will be perfomed in high quality mode with a bitrate of at least 128 kBit/s. Do not worry, our service is completely free. We need approximately 3 to 4 minutes per video.
We have just started a small search engine for mp3 downloads, you might want to try it: Obama, Christmas or Lol Cat
English · Deutsch · Türkçe · Polski · Français · ქართული Search · Blog · Addons · Impress
Öffnen von Die sendung mit der maus - platter reifen.mp3
Sie möchten folgende Datei herunterladen:
Die sendung mit der maus - platter reifen.mp3
Vom Typ: MP3 Format Sound
Von: http://srv1.youtube-mp3.org
Wie soll Firefox mit dieser Datei verfahren?
Öffnen mit
Windows Media Player (Standard)
Datei speichern
Für Dateien dieses Typs immer diese Aktion ausführen
OK
Abbrechen

Bild 15.17: Download der konvertierten Datei

16 Einen Eventkalender einbinden

Mit einem Eventkalender können Sie Termine auf der Webseite anzeigen lassen. Interessant ist diese Funktion für Vereine oder Schulen. Das Widget kann eine Liste für bevorstehende Veranstaltungen oder einen Kalender anzeigen lassen. Das Einbauen ist sehr einfach. Das Plugin trägt die Bezeichnung *events-calendar.6.6.2.zip*. Sie finden es unter der Adresse *http://wordpress.org/extend/plugins/events-calendar/*. Zuerst müssen wir das Plugin über das Menü *Plugin / Installieren / Hochladen* importieren und anschließend aktivieren. Das Schöne an diesem Eventkalender ist seine einfache Bedienung.

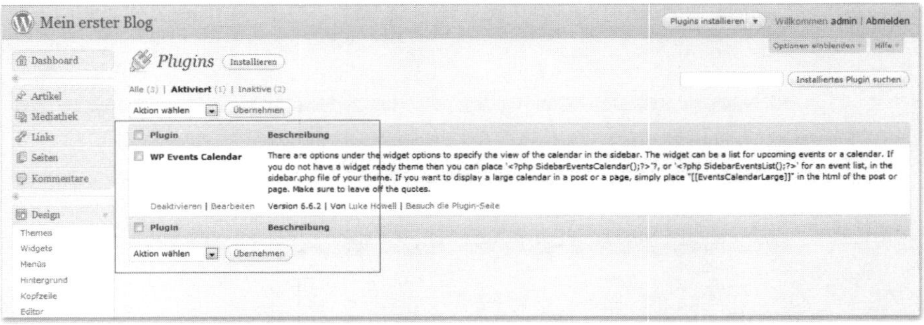

Bild 16.1: Die Plugin-Ansicht

Auf der linken Seite ist ein neuer Menüpunkt mit der Bezeichnung *Terminkalender* hinzugekommen. Klicken Sie bitte darauf.

Bild 16.2: Neuer Menüpunkt *Terminkalender*

Es öffnet sich ein neues Fenster mit einem großen Kalender. Sie können weiter unten im Fenster einen neuen Termin festlegen.

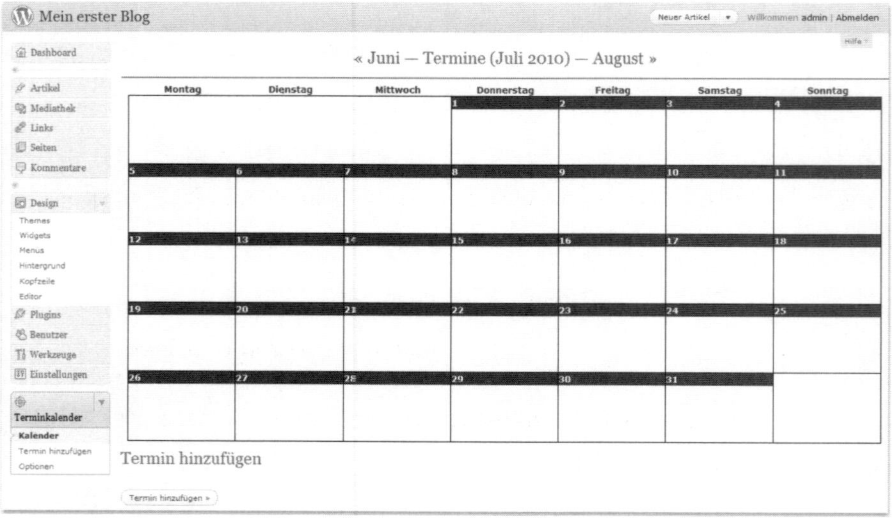

Bild 16.3: Die Kalender-Übersicht

Neben den Angaben zum Ort und dem Titel des Termins ist es unter anderem auch möglich, eine Startzeit für einen Event anzugeben. Geben Sie einen Termin ein und speichern Sie dies durch Drücken der Schaltfläche *Termin hinzufügen.*

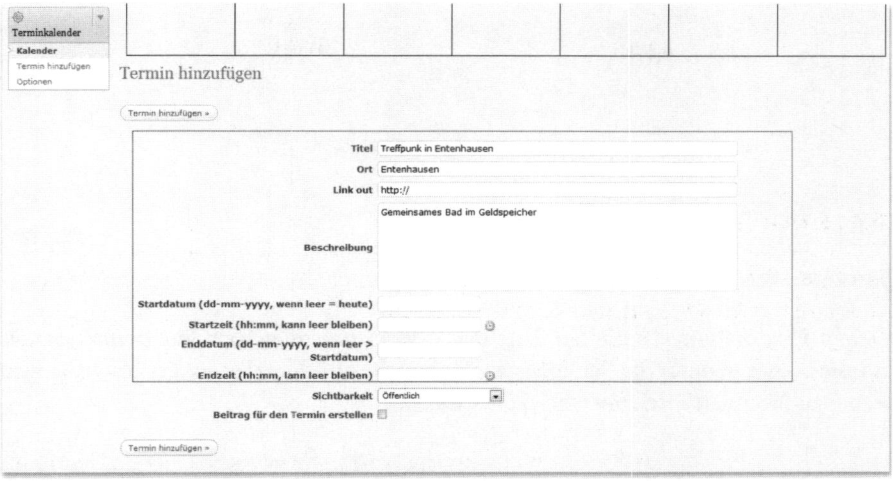

Bild 16.4: Termine festlegen

In der Kalender-Übersicht ist der eben festgelegte Termin deutlich zu erkennen.

Bild 16.5: Ein gespeicherter Termin

Wechseln Sie nun zum Menü *Dashboard.* Klicken Sie bitte auf *Widget.*

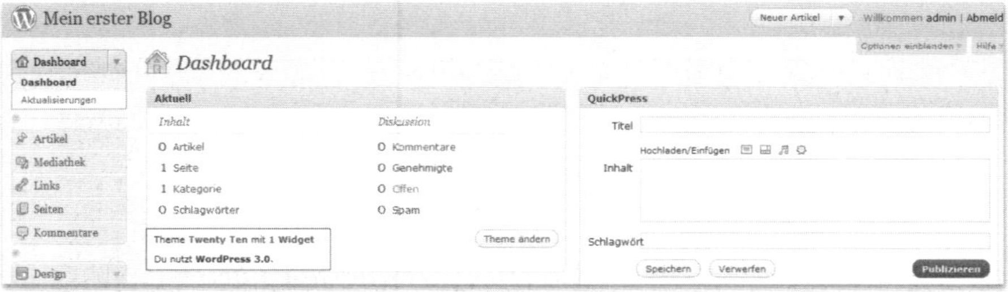

Bild 16.6: Wechseln zum Menü *Dashboard / Widget*

Ziehen Sie dort von der linken Seite das Widget mit dem Namen *Terminkalender* auf die rechte Seite in die Seitenleiste. Klicken Sie auf den kleinen grauen Pfeil und vergeben Sie einen Titel. Speichern Sie dies ab.

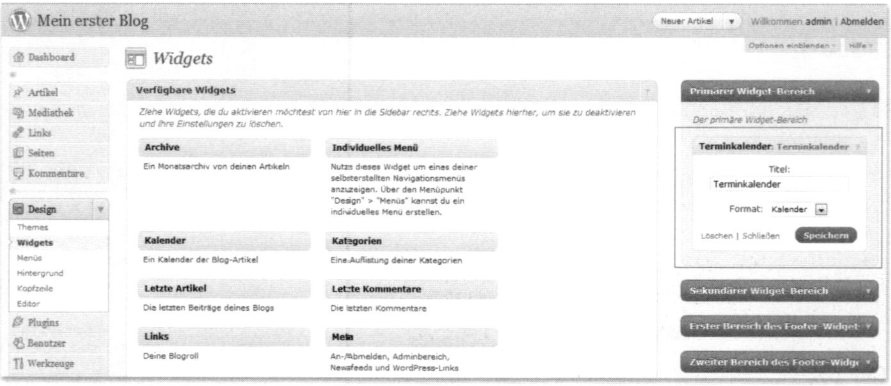

Bild 16.7: Das Widget in die Sidebar schieben

Jetzt ist es Zeit, das Ergebnis anzuschauen. Wechseln Sie durch Anklicken des Webseiten-Titels zur Webseiten-Ansicht, so wie sie der Besucher sieht. Auf der rechten Seite ist ein Kalender zu sehen. Ein Tag ist durch einen blauen Kreis markiert. Das könnte unser eben angelegter Termin sein.

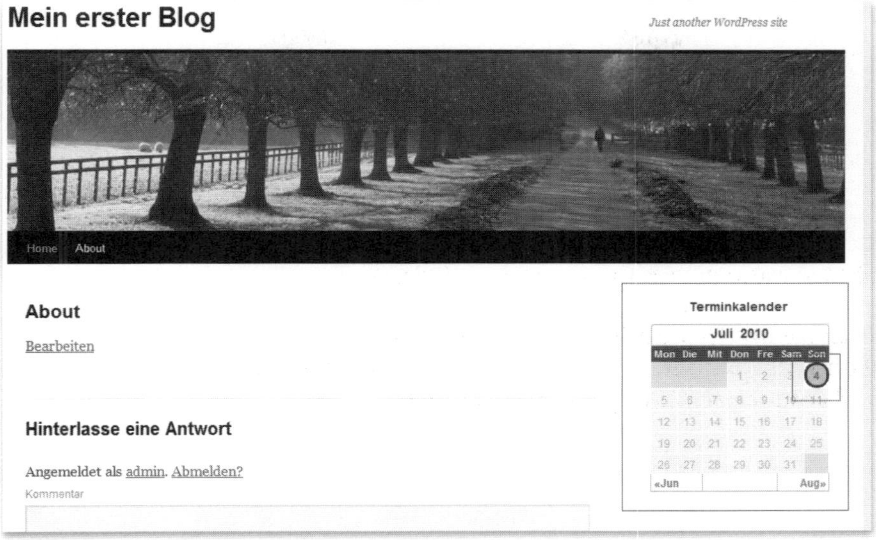

Bild 16.8: Kalender auf der Webseite

Klicken Sie auf den durch den Kreis hervorgehobenen Tag. Es öffnet sich ein kleines neues Fenster, in dem der Termin zu lesen ist.

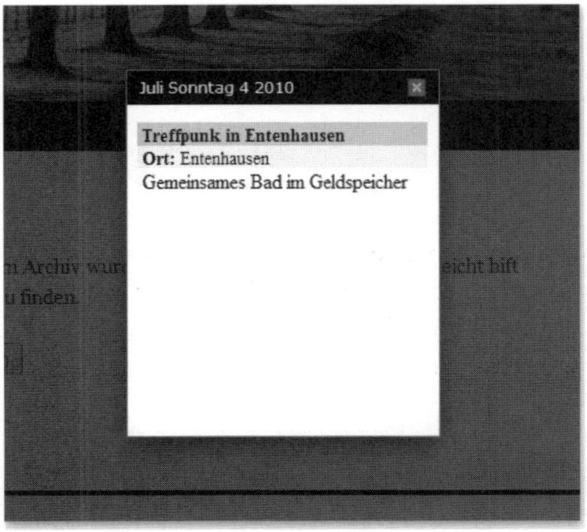

Bild 16.9: Termin-Details

17 WordPress veröffentlichen

Das eigentliche Ziel für uns ist die Veröffentlichung der WordPress-Website im Internet. Die Voraussetzungen dafür unterscheiden sich nur unwesentlich von einer lokalen Installation mit XAMPP (lokal bedeutet hier: auf dem eigenen PC). Es ändern sich lediglich die Datenbankinformationen.

Während der Datenbankname bei einer lokalen Installation beliebig über das Werkzeug phpMyAdmin festgelegt werden kann, legt bei einer Installation fürs World Wide Web der Hosting-Provider (also der Dienstleister, der Ihre Website quasi ins Netz stellt) die Angaben für den Server und den Datenbanknamen fest. Das sind im Großen und Ganzen auch schon die einzigen Unterschiede. Für die Installation von WordPress im Internet wird folgende Voraussetzung benötigt: eine Adresse für das World Wide Web, also eine Domäne bei einem Provider, die eine Datenbank und die Programmiersprache PHP unterstützt. Es gibt zahlreiche Internetpakete von unterschiedlichen Anbietern, in denen PHP und eine Datenbank enthalten sind.

▶ Das WordPress-Installationspaket entpacken

Verwenden Sie zur Installation im World Wide Web einfach wieder das komprimierte WordPress-Archiv (*latest.zip*), mit dem Sie WordPress bereits zu Anfang installiert haben. Sie können aber auch auf *http://wordpress-deutschland.org/download/* nachsehen, ob es eine aktuellere Version gibt, und diese herunterladen. Egal wie: Entpacken Sie einfach die komprimierte Datei *latest.zip* in ein Verzeichnis auf Ihrem Rechner. Wie Sie es benennen, ist gleichgültig, es bietet sich aber vielleicht an, es »WordPress« zu nennen.

▶ Das FTP-Programm Filezilla installieren

Sofern noch nicht geschehen, muss ein FTP-Programm auf Ihrem PC installiert werden. FTP steht für File Transport Protocol; dieses Protokoll ist dazu gedacht, Dateien über das Internet zu versenden. In unserem Beispiel verwenden wir Filezilla. Das freie Programm erhalten Sie über die Adresse *www.filezilla.de.* Die Installationsdatei ist mit rund 4 Megabyte nicht sehr umfangreich. Installieren Sie

Filezilla, indem Sie einen Doppelklick auf die Installationsdatei ausführen. Weitere Schritte für die Installation sind nicht nötig.

▶ Eine FTP-Verbindung aufbauen

Nachdem Filezilla installiert ist, starten Sie es durch einen Doppelklick auf das Programmsymbol (in der Regel legt Filezilla auf Ihrem Desktop bei der Installation ein Programmsymbol an) und geben Sie unter *Datei / Servermanager* die Angaben des Providers ein.

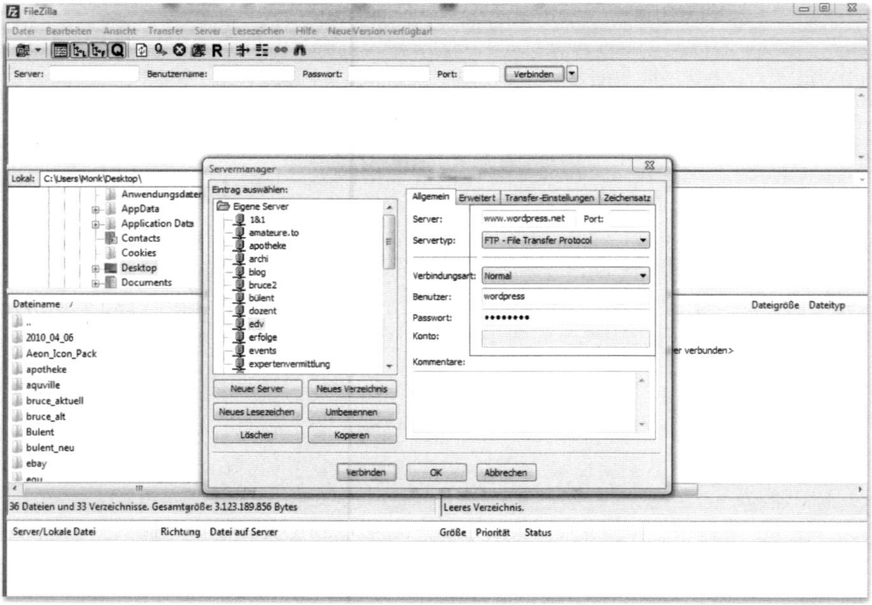

Bild 17.1: Der Servermanager von Filezilla

Die Angaben, die in einem FTP-Programm gemacht werden müssen, setzen sich immer zusammen aus:

- Server (Serveradresse)
- Verbindungsart (normal)
- Benutzername und
- Passwort

Bei allen anderen Angaben können Sie die Voreinstellungen des Servermanagers übernehmen. Die Einstellungen für den Server, den Benutzernamen und das Passwort erhalten Sie von Ihrem Hosting-Provider zusammen mit der Auftragsbestätigung für Ihren Webseiten-Account. Beispielhaft möchte ich die Einstellungen für zwei der größten deutschen Hosting-Anbieter vorstellen, nämlich für 1&1 und Strato.

Beim Hosting-Provider 1&1 lauten sie folgendermaßen:

Server: Dort muss die WWW-Adresse stehen, die Sie für Ihre Website beantragt haben, zum Beispiel *www.WordPress-beispiel.de.*

Benutzername: Der Benutzername ist in der Regel eine Buchstaben-Zahlen-Kombination.

Passwort: Das in der Auftragsbestätigung vorgegebene Passwort. Sie können das Passwort aber im Kundenbereich jederzeit ändern.

Strato verwendet eine etwas andere Nomenklatur:

Server: Der Servername ist immer *ftp.strato.com.*

Benutzername: Der Benutzername ist in der Regel eine Buchstaben-Zahlen-Kombination, die mit U (das U steht für Username) beginnt, etwa U829591.

Passwort: Das in der Auftragsbestätigung vorgegebene Passwort. Sie können das Passwort aber im Kundenbereich jederzeit ändern.

Hinweis:
Andere FTP-Programme sind in der Funktionsweise sehr ähnlich. Wenn Sie ein anderes Programm bevorzugen, stellt das überhaupt kein Hindernis dar, sofern die Daten des Providers stimmen.
Tragen Sie in Filezilla die entsprechenden Angaben in die Felder *Server*, *Benutzername* und *Passwort* ein (das Feld *Port* können Sie freilassen) und klicken Sie auf den Button *Verbinden.*

▶ Ein Installationsverzeichnis auf dem Server einrichten

Wenn die Verbindung zum Server hergestellt wurde, legen Sie im rechten Fenster von Filezilla ein Verzeichnis an. Dieses Verzeichnis können Sie wiederum *WordPress* nennen – das ist die einfachste Lösung. Klicken Sie dazu einfach – unter Windows mit einem rechten Mausklick – auf eine freie Stelle im rechten Fenster des FTP-Programms und wählen Sie *Verzeichnis erstellen* aus. Daraufhin können Sie in einem Eingabefeld den Namen des Verzeichnisses eintragen. Bestätigen Sie Ihre Eingabe durch *OK*.

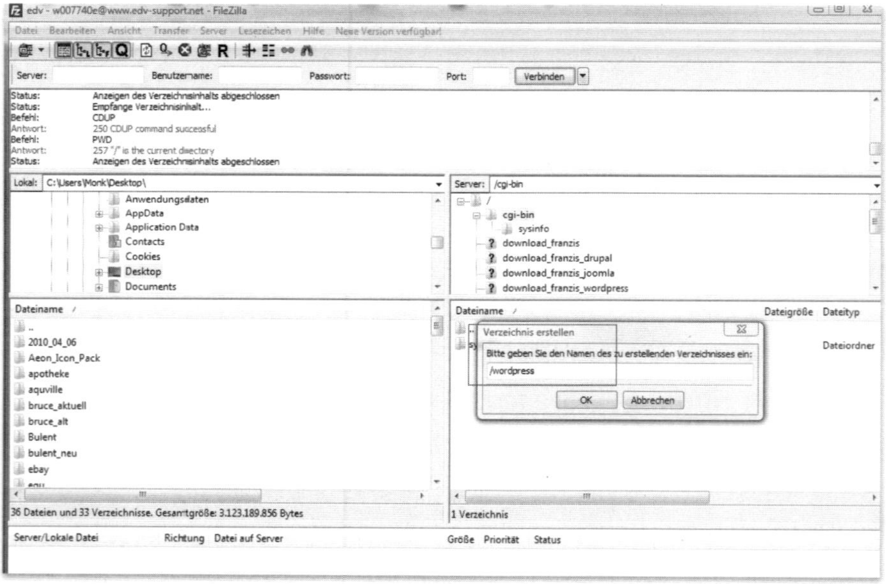

Bild 17.2: Verzeichnis *WordPress* auf dem FTP-Server erstellen

▶ WordPress hochladen

Lokalisieren Sie nun – im linken Fenster von Filezilla – das Verzeichnis auf Ihrem Rechner, in dem das bereits entkomprimierte WordPress-Installationspaket liegt. Klicken Sie – bei Windows mit der rechten Maustaste – auf das Verzeichnis und wählen Sie die Option *Hochladen* aus.

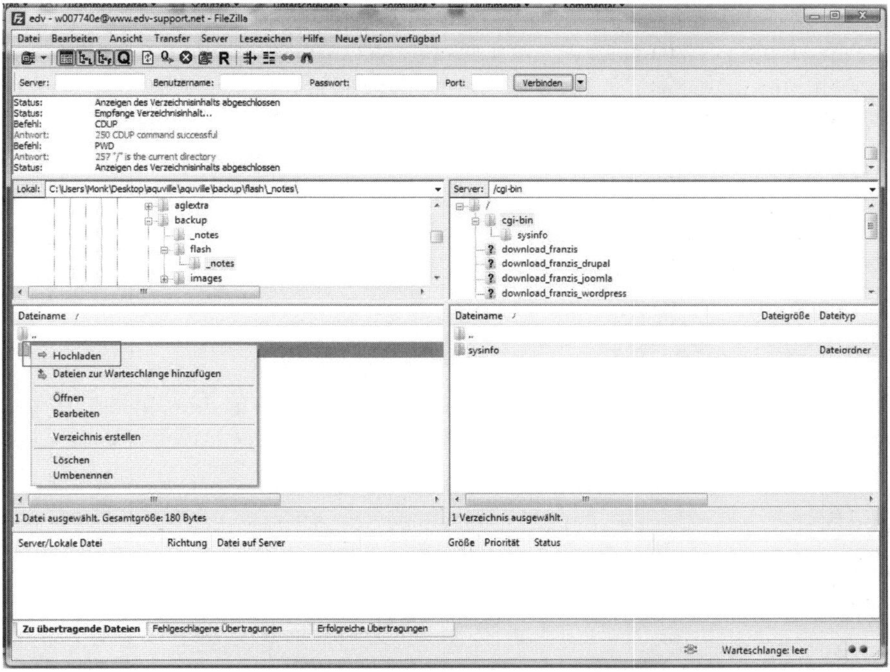

Bild 17.3: Hochladen des WordPress-Installationsverzeichnisses

Nach etwa drei Minuten sind alle erforderlichen Daten in das Verzeichnis Ihres Servers beim Provider hochgeladen. Der Status wird als *Datentransfer erfolgreich* angezeigt. Das Hochladen der Dateien ist damit beendet, und Sie können mit der Installation von WordPress beginnen.

▶ Die Remote-Installation von WordPress

Starten Sie die WordPress-Installation, indem Sie die Domäne Ihres Servers in der Adresszeile Ihres Browsers eingeben.

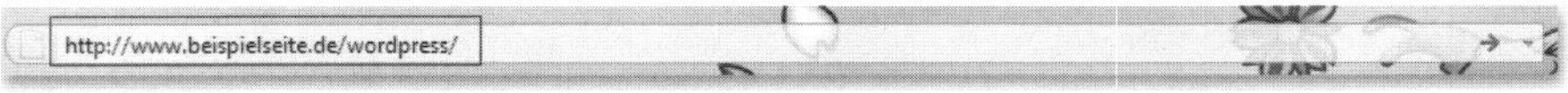

Bild 17.4: Adresszeile der WordPress-Installation im Web

Die Installation sollte nun wie bei der lokalen Installation ablaufen. Den einzigen Unterschied zur lokalen Installation auf Ihrem Computer gibt es bei der Eingabe der Datenbankinformationen, die der Provider vorgibt. Die Informationen für den Zugang zu Ihrer Datenbank erhalten Sie bei 1&1, Strato und anderen Anbietern generell im Kundenbereich Ihres Accounts. Bei Strato und 1&1 sehen die Serverdaten für Ihre Webseite in etwa so aus:

Bei der Firma Strato:

Datenbank Server (Host): *rdbms.strato.de*

Benutzername: *U629518*

und ein Passwort: z. B. *WerT43*

Datenbankname: *DB629518*

Die Zahlenfolge beim User- und beim Datenbanknamen ist hier identisch, der Benutzername enthält jedoch ein U (für User) als Präfix, der Datenbankname ein DB (für DataBase).

Bei 1&1:

Datenbank Server (Host): *dbxxxx.1und1.de*

(die xxxx stehen hier für einen variablen Wert)

Benutzername: *dbo138334788*

und ein Passwort: z. B. *WerT43*

Datenbankname: *db138334788*

Die Zahlenfolgen beim Benutzer- und Datenbanknamen sind hier identisch. Beachten Sie, dass der Benutzername mit dem Präfix *dbo* beginnt, der Datenbankname mit *db*. Das Passwort für die Datenbank ist im Kundenbereich Ihres Providers leicht änderbar. In der folgenden Abbildung sehen Sie am Beispiel von Strato, wie die Angaben eingegeben werden sollten.

Bild 17.5: Die Datenbank konfigurieren

Geben Sie die restlichen Angaben ein und in wenigen Minuten ist WordPress voll funktionstüchtig installiert. Viel Vergnügen mit dieser tollen Software.

A Wichtige Internetadressen

Download XAMPP	*http://www.apachefriends.org/de/xampp.html*
Download WordPress	*http://wordpress-deutschland.org/download/*
WordPress-Themes	*http://themes.wordpress-deutschland.org/*
Plugins	*http://wordpress.org/extend/plugins/*
	http://wp-plugin-archive.de/
Gästebuch-Plugin	*http://wordpress.org/extend/plugins/guestbook-generator*
Alle News-Plugin	*http://wordpress.org/extend/plugins/alle-news/installation/*
Wetter-Plugin	*http://wordpress.org/extend/plugins/wp-google-weather/*
Playlist-Manager	*http://wordpress.org/extend/plugins/tierra-audio-playlist-manager/*
Simple:Press	*http://simple-press.com/*
Video-Download-Plugin	*http://wordpress.org/extend/plugins/video-download/*
Event-Kalender	*http://wordpress.org/extend/plugins/events-calendar/*
FTP-Programm Filezilla	*http://www.filezilla.de*
Bildbearbeitung GIMP	*http://www.gimp.org/downloads/*
Programmierumgebung Aptana	*http://www.aptana.com/*

Stichwortverzeichnis

Know-how ist blau.
Matthias Kannengiesser
Der Bestseller
PHP 5.3
MySQL 5.1
auf
CD-ROM
3. aktualisierte Auflage
PHP 5
MySQL 5
Berücksichtigt PHP 5.3
> PHP und MySQL verstehen und fehlerfrei anwenden
> Dynamische Webseiten und komplexe Webanwendungen programmieren
> Komplette PHP/MySQL-Umgebung XAMPP, Aptana Studio, MySQL-Referenz und alle Programmierbeispiele auf CD-ROM
FRANZIS